El mejor consejo que he recibido para
criar hijos

El mejor consejo que he recibido para

criar hijos

Compilados por: **Jim Daly**

La mayoría de los productos de Casa Creación están disponibles a un precio con descuento en cantidades de mayoreo para promociones de ventas, ofertas especiales, levantar fondos y atender necesidades educativas. Para más información, escriba a Casa Creación, 600 Rinehart Road, Lake Mary, Florida, 32746; o llame al teléfono (407) 333-7117 en Estados Unidos.

El mejor consejo que he recibido para criar hijos por Focus on the Family
Publicado por Casa Creación
Una compañía de Charisma Media
600 Rinehart Road
Lake Mary, Florida 32746
www.casacreacion.com

No se autoriza la reproducción de este libro ni de partes del mismo en forma alguna, ni tampoco que sea archivado en un sistema o transmitido de manera alguna ni por ningún medio—electrónico, mecánico, fotocopia, grabación u otro—sin permiso previo escrito de la casa editora, con excepción de lo previsto por las leyes de derechos de autor en los Estados Unidos de América.

A menos que se indique lo contrario, el texto bíblico ha sido tomado de La Santa Biblia, Nueva Versión Internacional ® NVI ® Copyright © 1999 por Bíblica, Inc. ® Usado con permiso. Todos los derechos reservados mundialmente.

El texto bíblico indicado con "RVR1960" ha sido tomado de la versión Reina-Valera © 1960 © Sociedades Bíblicas en América Latina; © renovado 1988 Sociedades Bíblicas Unidas. Utilizado con permiso.

El texto bíblico indicado con "NTV" ha sido tomado de la Santa Biblia, Nueva Traducción Viviente, © Tyndale House

Foundation, 2010. Usado con permiso de Tyndale House Publishers, Inc., 351 Executive Dr., Carol Stream, IL 60188, Estados Unidos de América. Todos los derechos reservados.

El texto bíblico indicado con "NBLH" ha sido tomado de la Nueva Biblia Latinoamericana de Hoy® © Copyright 2005 by The Lockman Foundation. Usado con permiso.

Traducido por: www.pica6.com (con la colaboración de Salvador Eguiarte D.G.)
Director de diseño: Bill Johnson

Originally published in the U.S.A. under the title:
The Best Advice I Ever Got on Parenting
A Focus on the Family book published by Worthy Publishing, a division of Worthy Media, Inc., 134 Franklin Road, Suite 200, Brentwood, Tennessee 37027.

Copyright © 2012 Focus on the Family
All rights reserved

"La influencia número uno de su hijo", por el Dr. Kevin Leman ha sido adaptado de *It's Your Kid, Not a Gerbil* (Es su hijo y no un jerbo), por el Dr. Kevin Leman. Publicado por Enfoque a la Familia y Tyndale House Publishers, 2011. Usado con permiso.

Visite la página web del autor: www.enfoquealafamilia.com

Copyright © 2013 por Casa Creación
Todos los derechos reservados

Library of Congress Control Number: 2013937801
ISBN: 978-1-62136-173-2

Impreso en los Estados Unidos de América
13 14 15 16 17 • 7 6 5 4 3 2 1

CONTENIDO

Introducción
Jim Daly ix

Capítulo 1: Cómo criar hijos con gracia
Tim y Darcy Kimmel 1

Capítulo 2: La influencia número uno de su hijo
Dr. Kevin Leman 11

Capítulo 3: "Fue como si nunca hubiera existido"
Gary Thomas 23

Capítulo 4: Reconforte a sus hijos con su amor
Shaunti Feldhahn 29

Capítulo 5: ¡Conozca a sus hijos!
Dannah Gresh 41

Capítulo 6: Cómo hablarle a sus hijos de sexo
Ted Cunningham 49

Capítulo 7: Prepare a su hijo para tener éxito
Amy y Michael Smalley 57

Capítulo 8: Las alegrías de cavar zanjas
Fern Nichols 65

Capítulo 9: La felicidad que el dinero no puede comprar
Randy Alcorn 73

Capítulo 10: Crianza de los hijos al estilo jardinero
Phil y Heather Joel 83

Capítulo 11: El mejor consejo de nuestro piadoso pediatra
Gary Smalley 93

Capítulo 12: ¡Aprenda!
Cynthia Ulrich Tobias 103

Capítulo 13: ¡Hablemos de fe!
Mark A. Holmen 111

Capítulo 14: Cómo criar hijos de adentro hacia afuera
Vicki Courtney 121

Capítulo 15: Los niños quizá escuchen lo que dice, pero creen lo que hace
Jerry B. Jenkins 129

Capítulo 16: El desafío de criar hijos como equipo
Juli Slattery 137

Capítulo 17: La verdad con respecto a los hijos; y la verdad con respecto al matrimonio
John Rosemond 145

Capítulo 18: La más excelente de ellas es el amor
Stormie Omartian 153

Capítulo 19: ¡Tome su papel como padre!
Mark y Jill Savage 161

Notas 169

INTRODUCCIÓN
Jim Daly

Los primeros treinta y nueve años de mi vida, fui un observador ajeno del ambiente de la crianza de los hijos, ¡aunque durante mucho de ese tiempo trabajé en un ministerio cristiano para la familia! Como todavía no era padre, no me sentía especialmente motivado a absorber cada consejo y lección sobre cómo criar mejor a la siguiente generación de niños. Y, para ser honesto, probablemente asumía que estaba listo—más o menos—para ser padre si el Señor así lo quería.

El 12 de agosto de 2000 finalmente me convertí en participante activo en el ambiente de crianza de los hijos. Si cierro mis ojos, todavía puedo ver la habitación del hospital y sentir la emoción del gran momento. Ese día dorado de verano llegó mi hijo Trent, y mi esposa, Jean, y yo estábamos emocionados más allá de las palabras.

¡Imagínese! ¡Yo, un papá! Habiendo sido abandonado por mi padre, estaba determinado a ser todo lo que él no había sido, pero no estaba completamente seguro de cómo podría lograrlo.

Comencé a absorber con entusiasmo cada pedacito de consejo sobre la crianza de los hijos que podía encontrar. Leí los libros clásicos sobre crianza de los hijos. Escuché con más atención el programa diario de Enfoque a la Familia. Hablé con mis amigos y observé con gran interés a los padres admirables a mi alrededor. La crianza de los hijos ya no era un ejercicio teórico: ya era padre. Y estaba determinado a ser un buen padre.

¿Cómo me ha ido? Al igual que todos los demás, sigo siendo una obra en progreso.

Como compartiré en un minuto, el "mejor consejo que aprendí" no provino de las asombrosas influencias y ejemplos a mi alrededor. No lo leí en un libro ni lo escuché en un programa o de un amigo. Lo aprendí años antes de mi mamá.

RECONOZCA SUS ERRORES

La llegada del primer hijo es una temporada de reflexión en la vida. Está la maravilla de todo lo nuevo, por supuesto, pero muchos padres también tienden a retornar a los recuerdos de su propia niñez. Yo fui uno de esos. Después de que nació Trent, me encontraba recordando y tratando de obtener alguna perspectiva de mis turbulentos días de infancia en el Sur de California.

Mi padre abandonó a mi familia a mediados de la década de 1960 y mi madre se convirtió en mi roca. Era una persona en la que podía confiar. Fue ejemplo para mí de la importancia de que un padre cumpla su palabra. Pero me enseñó mucho más, incluyendo una lección que nunca olvidaré.

Como madre soltera, estaba muy ocupada. Siendo francos, yo era un muchacho malcriado, y probablemente actué así en varias ocasiones por falta de una figura paterna. No obstante, un incidente en particular se destaca en mi mente sobre todos los demás.

Mi familia nunca tuvo mucho dinero, pero crecí acostumbrado a recibir un juguete pequeño cada vez que mi madre y yo íbamos a la Tienda Departamental y de Abarrotes de

Crawford en Alhambra, California. La rutina siempre era la misma. Ella y yo comenzábamos con las compras, y a los pocos minutos de haber iniciado, mi mamá me dejaba ir al pasillo de los juguetes a hacer mi compra. Yo anticipaba ese gusto, pero también llegué a esperarlo. Antes de ir por mi juguete, ella siempre me aseguraba que se quedaría donde estaba, para disipar cualquier temor de que no pudiera encontrarla a mi regreso.

En este sábado en particular mi mamá estaba despinochando maíz en la sección de frutas y verduras. Después de elegir felizmente un traje para mi soldado de acción del otro lado de la tienda comencé a caminar hacia el maíz. De pronto la vi de espaldas a mí en un pasillo diferente. Por una razón inexplicable, mi joven mente no pudo manejarlo. ¡Mi madre me había mentido! Entré en un ataque de ira. Dando pasos fuertes por el pasillo hacia ella, cerré mi mano derecha en un puño. Enojado y fuera de control, me lancé hacia ella y le planté el puñetazo justo arriba de la cadera. Un ruido sordo vacío se escuchó en el aire, y mi madre tropezó hacia adelante aturdida.

Solo que no era mi madre. Simplemente sucedió que esta mujer en particular llevaba un conjunto idéntico al de mi mamá. Perpleja, la extraña se dio vuelta. Viendo hacia arriba, tartamudeé y musité algo y lentamente retrocedí; y luego salí huyendo en busca de mi mamá.

Cuando la encontré, estaba exactamente donde me dijo que estaría. Notando mis lágrimas, me preguntó qué me pasaba.

—Acabo de golpear a una señora.

—¿Por qué se te ocurrió hacer algo así?

—Porque pensé que eras tú.

Mi mamá no perdió tiempo haciéndome más preguntas. Ella me tomó del cuello de la camisa y me arrastró de regreso a la escena del crimen. Para ese momento, la otra mujer ya se había recompuesto y estaba nuevamente haciendo sus compras. Mi mamá y yo la divisamos al final del pasillo.

Mi madre se detuvo. "¡Te vas a disculpar con esa mujer!", rugió.

Arrastré mis pequeños pies a lo largo del piso de linóleo del pasillo. Cuando llegué a mi víctima, la miré y me aclaré la garganta, moviéndome nerviosamente de un lado al otro, queriendo hablar, pero luchando para poder sacar las palabras. Mordiéndome el labio y conteniendo las lágrimas, le ofrecí una disculpa. Comprensiblemente, mis palabras no fueron bien recibidas. Me miró furiosa. Después de que terminé de hablar, la conturbada señora giró y murmuró algo que no alcancé a escuchar. Viendo en retrospectiva ahora, no la culpo. Ella estaba ofendida con toda razón. Me puedo imaginar lo que seguramente estaba pensando.

Mi madre me enseñó una valiosa lección—un "mejor consejo"—en el pasillo de la mantequilla de maní de la Tienda de Abarrotes de Crawford. He intentado pasarle esta sabiduría a mis hijos, Trent y Troy: Reconoce tu error. Admítelo. Discúlpate. Y trata de corregirlo.

CUARENTA Y CINCO AÑOS DESPUÉS

Washington, D.C., está bastante lejos de la tienda de Crawford. Pero en un reciente viaje al Este con Jean y nuestros dos hijos, me encontré incorporando a la crianza de mis hijos la dolorosa lección de la infancia que aprendí en esa tienda de California hace tantos años.

Siempre es difícil viajar con niños, y Jean y yo solemos tener cuidado de no llenarnos de actividades. No obstante, este día, fue durante la época de florecimiento de la cereza, y había colas de personas por todos lados. La combinación de las multitudes y nuestro reciente viaje en avión tenían a los niños casi exhaustos.

Al abrirnos paso por el Museo Internacional de Espionaje, Trent y Troy estaban alborotados, molestándose entre sí y jugando a las luchas. Les advertí que se calmaran por respeto a las demás personas de la cola. Pero si algo les interesaba, desconsideradamente, aunque inocentemente, se adelantaban y se le metían a la gente o casi la hacían tropezar. Cada vez que los niños hacían algo así, los llevaba a un lado para hablar con ellos.

"Eso es completamente inaceptable—les decía—. Estamos criando caballeros, no bárbaros. No traten a la gente así. Nosotros esperamos nuestro turno y respetamos el espacio de los demás. Por favor, vayan a disculparse".

Cada vez que volteaban para buscar a sus "víctimas", mi mente viajaba al pasado cuarenta y cinco años. Lo que habían hecho no era tan ofensivo como lo que había hecho yo dentro de la Tienda Departamental y de Abarrotes de Crawford. De hecho, las acciones de los muchachos eran solamente infracciones menores en comparación. No obstante, su conducta, seguía siendo inaceptable y necesitaba ser corregida.

Afortunadamente, cada persona con la que hablaron aceptaba su disculpa cálidamente. Todo era perdonado. Para el final del largo día, yo esperaba que se hubiera plantado una semilla en su mente; una semilla que probablemente tomaría muchos años para germinar y dar fruto.

Yo les estaba enseñando lo mismo que me enseñó mi madre: Reconoce tu error. Admítelo. Discúlpate. Y trata de corregirlo.

MIRE HACIA EL FUTURO

Es mi oración a Dios que usted se apropie de su papel como mamá o papá con entusiasmo y deleite. Es fácil quedar abrumado por las tareas delante de usted e incluso fatigarse por los desafíos. En un libro de "mejores consejos" se implica el hecho de que usted encontrará problemas a lo largo del camino. Es verdad. La paternidad no es fácil, pero es la tarea más significativa y gratificante de la vida. A medida que usted lea esta colección de sabiduría parental, lo aliento a tomar una perspectiva a futuro. Si usted está luchando, no permita que sus circunstancias presentes lo agobien. He descubierto que la mejor manera de manejar con calma mi papel como padre es abrazar el presente con gratitud y mirar hacia adelante a nuevos días, estando bastante al tanto de la brevedad de este tiempo.

Cuando esté viejo y gris y los niños hayan crecido y se hayan ido, los recuerdos de su risa feliz y esta época inocente harán eco en mi corazón. Pero, ¿lo podré recordar con un sentido de paz y gozo? ¿O tendré remordimientos y me encontraré preguntándome cómo podría haber sido? Creo que la clave para una vida libre de remordimientos a menudo se encuentra en la capacidad que tenga uno de ver el fin desde el principio.

Cuando nuestra casa se vuelva silenciosa y ordenada, y caiga el telón sobre mi trabajo de intensiva crianza diaria, ¿qué es lo que voy a recordar de estos días? Si usted es padre, ¿qué va a recordar? Estas son algunas de las cosas que yo voy a recordar...

Escuchar los primeros llantos de los chicos y cargar firmemente a Trent y a Troy de recién nacidos, totalmente asustado de que se me cayeran, pero sabiendo que nunca lo haría... Los paseos tarde en la noche alrededor del oscuro vecindario para aliviar a un bebé con cólico...

Los primeros pasos, las primeras palabras y las veces en que armamos juguetes a media noche en la víspera de Navidad... El dolor de salir en largos viajes ministeriales a lugares lejanos; y la alegría del reencuentro en casa... Las vacaciones con un presupuesto apretado: tiendas de campaña frías y mojadas, coches y tráilers descompuestos y niños que no paraban... Rodillas peladas, narices sangrantes y una llamada por celular acerca de un lector de DVD que se incendió... Enseñarle a mis muchachos a pescar... Saltar en el trampolín, montar bicicleta, jugar pilla-pilla en una casa oscura... Juegos de pelota y juegos de mesa...

Y, lo mejor de todo, ver sus ojos alumbrarse y sus corazones abrirse a la realidad del evangelio y a la verdad acerca de la vida y la resurrección de Jesucristo.

Estos son solamente algunos de los recuerdos que el tiempo no va a borrar... porque, al final, estos están entre las pocas cosas que realmente importarán.

Sin duda, he cometido bastantes errores como papá. Pero por la gracia de Dios, puedo decir que me encanta ser padre. Me he descubierto a mí mismo cautivado por mis muchachos. Me encanta pasar tiempo con ellos. Me encanta la manera en que me sorprenden con sus observaciones acerca de la vida. Me encanta envolverlos con mis brazos cuando regreso a casa del trabajo.

Y especialmente valoro sus sonrisas.

No importa lo loco que se pueda poner el mundo, no importa lo difícil que se haya puesto mi día en la oficina, siempre que veo los rostros sonrientes de Trent y Troy, no puedo evitar agradecerle a Dios por su bondad para conmigo.

Es el mejor sentimiento del mundo.

¿Lo sorprendería si le digo que en realidad no hay nada nuevo acerca de la crianza de los hijos dentro de este libro? Es verdad.

Sí hay personajes entretenidos que comparten algunas historias bastante únicas acerca de sus experiencias personales como mamá o papá. Muchas de ellas lo harán reír. Algunas lo harán llorar. Y otras lo dejarán en un estado de ánimo meditabundo y reflexivo.

Todas ellas están diseñadas para ayudarlo a convertirse en un mejor padre.

Cuando llegué a Enfoque en la Familia, apreciaba la humildad con la que nuestro fundador, el Dr. James Dobson, presentaba la fuente de su consejo a los padres. Si un periodista venía a nuestras instalaciones de visita, él o ella siempre trataban de descubrir de dónde sacaba sus ideas el Dr. Dobson, y por qué la gente que leía sus libros y escuchaba el programa de radio abrazaban con entusiasmo los conceptos. Algunos de los que analizaban su material pensaban que estaba siendo inteligente o incluso original. Al final, el Dr. Dobson siempre trataba de dar el crédito a quien es debido.

El consejo que el Dr. Dobson daba no provenía de él; decía que provenía del Libro de libros; que provenía de la Biblia.

Y así sucede con este nuevo libro. Yo respeto, admiro y aprecio a las personas que han colaborado con este excelente proyecto. Las historias son todas un poco distintas, pero los consejos que recogemos de ellas están enraizados en los principios atemporales encontrados dentro de la Biblia. Los autores han hecho el maravilloso trabajo de reducir una vida de perspectiva en unas pocas breves páginas.

    Espero que usted encuentre el consejo que está envuelto en este libro tan útil y práctico y atemporal como yo lo he hecho.

31 de julio de 2012

1

Cómo criar hijos con gracia

Tim y Darcy Kimmel

Algunas veces el mejor consejo no se trata de *qué* hacer, sino de qué *no* hacer...

Imagínese esto: Usted está sentado en la iglesia con su familia. La pianista está tocando un poco de música de fondo tranquila. El pastor principal y el líder de alabanza se encuentran en una habitación adyacente a la plataforma. Ambos tienen ya colocados sus micrófonos inalámbricos, pero hay tres cosas de las que estos dos hombres no se han dado cuenta:

1. Su micrófonos están encendidos.
2. El técnico que se supone que tiene que estar controlando el sonido no se sabe dónde está.
3. Sus micrófonos están a todo volumen.

Lo que usted empieza a escuchar se parece a esto: una ligera burla... luego algunas instrucciones finales... luego uno de ellos le hace una crítica al otro. Esa persona responde con un improperio. Esto es atajado con un insulto tóxico acentuado con malas palabras. Según lo mejor que se lo puede imaginar, suena como si el pastor principal es el primero en hacer un movimiento agresivo físicamente: empuja al líder de alabanza contra la pared. El líder de alabanza responde con un puñetazo que tira de rodillas al pastor. Para no quedarse atrás, su querido y dulce pastor se abalanza hacia adelante, tropezando al líder de alabanza al suelo, y luego usted escucha como estos dos pilares de su iglesia se maldicen, se muerden, se patean y se dan de rodillazos con toda su fuerza.

Mientras tanto, la pianista sigue tocando.

Finalmente, unos tipos de gran estatura que cantan en el coro entran por la puerta y los separan, los calman y los ayudan a arreglarse la ropa y el cabello. La puerta lateral se abre...y el pastor y el líder de alabanza entran como si nada hubiera pasado. El pastor mira dentro de su Biblia para dar un rápido repaso de último minuto a las notas de su sermón mientras el líder de alabanza sube a la plataforma para invitar a la congregación a unir sus voces en una poderosa canción de alabanza a Dios.

Entonces, ¿cuál sería su siguiente movimiento? Lo más probable es que recorra el auditorio con la mirada y cuente sus opciones. Hay seis de ellas. Me refiero a las salidas. Así que usted toma su Biblia, escoge la salida más cercana y se dirige a ella tan pronto como le es posible, con la intención de no mirar atrás. Una cosa es segura: usted no quiere volver a recibir jamás enseñanza espiritual alguna de estos dos hombres nuevamente.

NUESTRAS EXPECTATIVAS

"Pero—quizá usted se pregunte—¿No pueden los pastores tener un mal día?". Por supuesto que sí, pero esto fue más que algo que dijeron sin intención o una explosión de enojo. "Pero—quizá usted señale—este es uno de los mejores equipos de enseñanza y alabanza de nuestra comunidad. Ellos siempre atraen una multitud". Posiblemente intente racionalizar su comportamiento con base en la atracción de las masas, pero sus hijos, miembros natos de la generación postmoderna que dice: "No me lo digas; muéstramelo", no querrán tener nada que ver con ello.

La razón más importante por la que estos hombres se desacreditaron a ellos mismos con sus palabras y acciones, y perdieron el derecho a ser escuchados es el papel que representan en la vida de su congregación. Están en una "profesión de carácter". La gente no le aplica el mismo palo de medir a los pastores, los líderes de alabanza, los líderes laicos y a los misioneros que el que le aplica a casi todos los demás. Más bien, estas personas levantan la Biblia y proclaman: "Así dice el Señor". Los miembros de la iglesia saben que sus líderes no son perfectos y no esperan que lo sean. Pero los miembros de la iglesia esperan bastante que sus líderes en general vivan conforme a lo que enseñan o lo que dicen representar. Ese es el costo de estar en una profesión de carácter.

LA CONEXIÓN ENTRE LA FE Y LA PRÁCTICA

Bueno, ¿adivine qué? La crianza de los hijos ¡también es una profesión de carácter! Los papás y las mamás son los pastores de las iglesias más pequeñas que existen. De hecho, la mejor definición que hemos escuchado de "familia" es "la iglesia doméstica". Si usted es un seguidor de Jesús, usted es una referencia para sus hijos. Usted levanta la Biblia delante de ellos, y a lo largo de su niñez usted les dice: "Así dice el Señor". Sus hijos saben que usted no es perfecto (¡ellos viven con usted!), pero sus hijos esperan que usted en general viva conforme a lo que usted dice que cree y mantenga los estándares que les ha establecido.

No debería ser una sorpresa que los niños tengan dificultades para aceptar una fe que sus padres predican, pero que se rehúsan a practicar. Todavía más, no podemos engañarnos a nosotros mismos y creer que no existe una conexión entre lo que les enseñamos con nuestro ejemplo a nuestros hijos y lo que ellos finalmente abracen como estilo de vida para sí mismos.

Así que nosotros los padres nunca debemos olvidar que tenemos los micrófonos encendidos todo el tiempo. Simplemente no podemos tener grandes discrepancias entre nuestro estilo dominguero y nuestra vida de lunes a sábado. Haga trampa en algo, sea tangible o tan simple como no reconocer los esfuerzos de sus hijos, y no se sorprenda si ellos empiezan a hacer trampa en la escuela. Si permite que los juegos de video y Facebook dominen su propia vida, no se sorprenda de que también dominen la de sus hijos. Si se hablan sin respeto entre ustedes, o acerca de alguien más, asuma entonces que escuchará la misma actitud de vuelta hacia usted.

Si papá hace comentarios baratos u obscenos acerca de las porristas profesionales que bailan en la televisión en el medio tiempo del partido, o si mamá vive esperando el siguiente episodio de la versión para la televisión de las historias de fantasía sexual ligera [novelas], no se sorprenda de si su hijo o hija sale a buscar el tipo de amor equivocado en los lugares equivocados. La conducta de nuestros hijos refleja lo mismo que las personas de mayor influencia en su vida—papá y mamá—valoran más.

Tenga en mente, también, que no solamente nuestra manera irrespetuosa de tratar a los demás puede tener efecto retroactivo en nuestra contra. También la manera en que tratamos a nuestros hijos. De hecho, nosotros como padres podemos hacer que muchos de nuestros hijos se pregunten si nuestros valores espirituales siquiera valgan la pena ser abrazados.

Gracias a Dios, el Señor, quien Él mismo es un Padre, ha extendido un camino delante de nosotros con respecto a qué hacer con nuestros hijos. Él sabía que tendríamos dificultades como padres y que algunas veces entenderíamos las cosas mal. Por eso Dios puso todo en la balanza a nuestro favor; y no porque nos lo mereciéramos. Fue porque era nuestra única esperanza. Dios extendió su mano a gente que tenía su propia manera de pensar y largas listas de fracasos, y nos rescató. ¡Eso se llama gracia! Y sin la gracia de Dios, no tenemos una oración para nuestros esfuerzos de crianza.

CRIANZA DE LOS HIJOS CON BASE EN LA GRACIA

La gracia abarca todo lo bueno con respecto al plan de Dios para la humanidad y es por lo tanto el contexto perfecto para criar a nuestros hijos. Lo llamamos "crianza basada en la gracia", y es profundamente simple: trate a sus hijos de la misma manera en que Dios trata a los suyos: con gracia". La crianza de los hijos basada en la gracia es una estrategia de relaciones orientada hacia los otros y que pone a los otros primero, además de que alienta y equipa a los papás y a las mamás para su profesión de carácter.

— ❧ —

La gracia abarca todo lo bueno con respecto al plan de Dios para la humanidad y es, por lo tanto, el contexto perfecto para criar a nuestros hijos.

———

Nos gustaría compartir una manera práctica y sumamente eficaz con la que nos aseguramos que nuestros hijos experimentarán gracia en nuestra casa. Estaba incrustado en nuestro deseo de que nuestros hijos nunca sufrieran debido a nuestros fracasos y errores: les dimos la libertad de ser honestos con nosotros.[1] Nuestros hijos deben tener la libertad de decirnos lo que les está pesando en el corazón, incluso si algo de lo que hicimos los ha molestado; en su opinión, un ejemplo de que no practicamos lo que predicamos. En la casa de los Kimmel, ambos padres nos dimos cuenta desde el principio de que éramos capaces de hacer cosas que irritaran y lastimaran a nuestros hijos. No queríamos que la raíz de amargura se abriera paso en la tierra del alma de nuestros hijos (Hebreos 12:15). Fue cuando instituimos las noches "¿Qué es lo que te molesta?".

¿QUÉ ES LO QUE TE MOLESTA?

La primera parte de hecho era sencilla. Cada uno de nuestros hijos podían pedir lo que quisieran del menú Kimmel. Si uno quería comida china; el otro mexicana; el otro italiana; y el cuarto costillas asadas, no había problema gracias al milagro de la comida rápida.

La siguiente parte era más difícil pero absolutamente crucial para la eficacia de esta noche. Le permitíamos a cada niño que nos dijera cualquier cosa que hubiéramos dicho o hecho que los hubiera avergonzado, decepcionado o lastimado. Pero esta era la clave: no podíamos defender o explicar nuestras palabras o acciones. Todo lo que podíamos hacer era decir sinceramente que lo sentíamos y pedirles perdón.

A menudo era doloroso escuchar cosas que habíamos hecho sin intención o sin saber que le habíamos provocado a nuestros hijos una herida o tristeza. Pero era un alivio para todos nosotros que estas cosas no mantuvieran su posición tóxica dentro de nuestra relación. Es lo que la gente que está en una profesión de carácter hace: nos responsabilizamos por nuestras acciones y pedimos perdón.

A medida que nuestros hijos crecieron, se dio un fenómeno interesante. Asumieron que tenían la libertad de compartir lo que estaba en su corazón en cualquier momento que lo necesitaran. Nuestros hijos ocasionalmente nos llevaban aparte y nos decían algo como: "Papá/Mamá, ¿puedo tener un momento privado de '¿Qué es lo que te molesta?' contigo?". Al recordar, vemos esos momentos como obsequios para la cercanía de nuestra familia y algunas de las oportunidades más poderosas que tuvimos para ser ejemplo de la gracia de Dios para nuestros hijos. (Por cierto, con el pasar del tiempo, solo tuvimos que celebrar esas reuniones tres o cuatro veces al año).

CÓMO OBTENER UNA SEGUNDA OPORTUNIDAD

Nosotros los padres—que estamos por definición en una profesión de formar carácter—no siempre hacemos las cosas bien. Pero nuestro Dios de gracia es el Dios de la segunda oportunidad, del borrón y cuenta nueva, del nuevo día. No importa cuánto hayan crecido nuestros hijos, necesitamos aprovechar esa segunda oportunidad para recibir la gracia de Dios y extendérsela a nuestros hijos.

Estas son algunas declaraciones alentadoras para ayudarlo a empezar a extender esa segunda oportunidad:

- Desarrolle una relación fresca con Dios. En Salmos 51:10, David oró: "Crea en mí, oh Dios, un corazón limpio, y renueva la firmeza de mi espíritu".
- No sea pasivo. Tome la iniciativa para borrar las cuentas acumuladas entre usted y sus hijos.
- Si esta es una lucha continua, hable con alguien y obtenga ayuda para su problema específico.
- Mantenga una actitud de quebrantamiento, perdón y responsabilidad por sus acciones en lo que tenga que ver con sus hijos.

Básicamente, todo se resume a criar a nuestros hijos de la manera en que nuestro Padre celestial nos cría. Con su guía y bendición, debemos tratar a nuestros hijos de la manera en que Dios trata a los suyos: con gracia.

El Dr. Tim y Darcy Kimmel, fundadores y directores de Family Matters, se sienten honrados de equipar a las familias con relaciones basadas en la gracia para cada edad y etapa de la vida. Son oradores, además de autores de numerosos libros, incluyendo Crianza llena de gracia, Why Christian Kids Rebel [Por qué se rebelan los hijos de los cristianos] y Extreme Grand Parenting: The Ride of Your Life [Abuelos extremos: La mayor emoción de su vida]. Su mayor gozo terrenal proviene de sus hijos, de los cónyuges de sus hijos y un grupo siempre creciente de nietos.

2

La influencia número uno de su hijo

Dr. Kevin Leman

Una primavera hace varios años, Bill Cosby y yo estábamos juntos en Oklahoma City para una presentación conjunta sobre la prevención de la violencia. Antes del programa, pasé media hora a solas con Cosby tras bambalinas. Después de un rato, nuestra conversación cambió al tema de la noche: la influencia de las familias en la juventud actual.

Cosby, cuyo hijo había sido asesinado violentamente, quería conocer mis pensamientos con respecto a lo que le está sucediendo a las familias de nuestra sociedad actual. La respuesta que mencionamos tras bambalinas emergió una y otra vez esa noche en nuestra interacción con la audiencia: los padres—no las drogas, ni las películas, ni sus iguales—son la influencia número uno de un niño.

A mí no me sorprendió esa conclusión. Aunque nos quejamos de todas las influencias en la vida de un niño, nosotros los padres *somos* lo que está marcando la diferencia. Más que cualquier otro aspecto de la cultura actual, sus palabras, su silencio, su presencia, su ausencia, su ejemplo—el bueno y el malo—todo ello importa más para la vida de su hijo de lo que pudiera llegar a darse cuenta.

NUEVE MITOS DE LA CRIANZA DE LOS HIJOS

No obstante, hay nueve mitos acerca de la crianza de los hijos que son prevalentes en nuestra cultura actual y que pueden sabotear nuestros mejores esfuerzos. Vea cuántos se ha tragado usted; probablemente sin siquiera darse cuenta de que no son ciertos.

Mito número 1: "No es la cantidad de tiempo con mis hijos lo que importa; sino la calidad".

"¡Te tengo noticias excelentes!—le dice un marido a su esposa mientras sale por la puerta con sus palos de golf colgados al hombro—. Los Smith han accedido a videograbar el recital de piano de Clovis mientras estoy en el campo con el nuevo cliente. ¡Estaré de vuelta en la noche para acostar a dormir a Clovis!".

Créame: cuando la nerviosa pequeña Clovis mire la audiencia antes de su recital y vea el vidrio reflejante de los lentes de la cámara de vídeo en lugar de los ojos llenos de amor de su padre, no va a ser de mucho consuelo. Papá no se da cuenta de que aunque *él* haya sentido haber estado allí, Clovis sintió su ausencia como un inmenso hoyo negro. Fue una fuerte declaración de falta de interés y malas prioridades.

Hablando en general, entre más tiempo pase su hijo con

usted, más estabilidad y menos incertidumbre habrá en su vida. Esto no significa que usted deba hacer de su hijo el centro del universo, pero su presencia física y emocional constante, incluso en pequeñas maneras, marca una gran diferencia. El tiempo de calidad no compensa la cantidad de tiempo. Si usted cree ese mito, lo está haciendo para justificar su propia conducta egoísta. Para un niño, la *cantidad* de tiempo que pase con el es parte de lo que lo hace una experiencia de *calidad*.

Mito número 2: "Soy un buen padre si hago sacrificios por mi hijo".

Yo estaba al teléfono con los padres de un muchacho de siete años. Le habían dado el mundo a su hijo. Lamentablemente, estaba disfrutando su papel como el tiránico pequeño Julio César. Le habían dado cada oportunidad sobre la faz de la tierra e incluso lo habían preparado para una o dos más allá de ella, por ejemplo: campamento espacial cuando tenía solamente cuatro años. No podían entender por qué su hijo, en lugar de abrazar las ambiciones de ser un futuro astronauta, estaba convirtiéndose en un monstruo extraterrestre. En la escuela no terminaba ningún trabajo, y en casa estaba empezando a ser insolente con mamá y papá. Al hablar con ellos, rápidamente se volvió evidente que el problema no era que no hubieran estado involucrados en su vida. Más bien, habían *exagerado*.

Más de la mitad de los padres que han pasado por la puerta de mi consultorio han sobrecriado; sea a causa de sus expectativas perfeccionistas o simplemente porque han estado orbitando a su hijo como si él o ella fueran el centro del universo de la familia.

Cuando uno sobrecría, debilita la autoimagen de su

hijo, a menudo sofocándolo al punto de que llega a creer que no puede hacer nada sin su ayuda. Algunos padres piensan que se están sacrificando al sobrecriar. Pero lo que en realidad están haciendo es revolotear.

Cuando uno sobrecría, debilita la autoimagen de su hijo, a menudo sofocándolo al punto de que llega a creer que no puede hacer nada sin su ayuda.

Imagínese a un jefe revoloteador con estándares imposiblemente altos. Después de algunos meses de trabajar con él, usted se hundiría en su silla cuando su sombra cruzara su hombro. Usted temería nuevos proyectos. La actitud de un jefe que ronda a un empleado dice: "Vas a fracasar sin mi constante supervisión". El "sacrificado" padre perfeccionista envía el mismo mensaje.

Si sobrecría a sus hijos suficiente tiempo reforzará hábitos que no quiere inculcarle a su hijo. Después de todo, los hijos nacen pensando en *yo, yo, yo*. Nuestro trabajo como padres es ayudarlos a comenzar a considerar a los demás antes que a ellos mismos. Usted no quiere generar dependencias en sus hijos que duren más allá del posgrado o el matrimonio.

Mito número 3: "Los hijos deberían sentirse libres de expresarse de la manera que quieran".

Mi esposa Sande y yo estábamos en un restaurante con una mujer a la que no habíamos visto en años. Ella había traído a sus dos hijos varones con ella, y eran más tiernos que lo tierno, el tipo de niños que aparecen en los comerciales de cereal. Pero al igual que los niños estrella estereotipo, eran ingobernables. El de cuatro años estaba claramente entrenado en técnicas de tortura. Comenzó a clavarme las uñas en la pierna debajo de la mesa. Posiblemente fue mi cara de dolor lo que hizo que su mamá tratara de desviar su atención. En respuesta, el chico comenzó a golpearla. "¡Ay, perdónenme es que soy un niño!", dijo la mujer mientras le hacía cosquillas a su hijo para aligerar su comportamiento. *Señora, pensé, los niños son distintos a la niñas. ¡Pero los niños y las niñas necesitan disciplina!*

Todos los niños necesitan que se les pongan límites para que sepan lo que simplemente no es aceptable. Estoy completamente a favor de impulsar la personalidad y los dones de los niños, pero se necesitan establecer fronteras. Los niños obtienen fuerza, estabilidad y autoestima de los límites, porque los límites los ayudan a definir lo que es seguro y lo que no. Cada vez que los niños toman las riendas, las familias terminan en un desastre. Sí, los niños que han estado en control estarán infelices y luego probarán los límites cuando sus padres finalmente los establezcan, pero como digo en mi libro *Tengan un nuevo hijo para el viernes*: "Un niño infeliz es un niño saludable".[1] Si sus hijos han estado en control, ¡es momento de levantarse y ser el padre!

***Mito número 4**: "Mi hijo merece las cosas que no tuve de chico, las cosas que la mayoría de los niños de hoy tienen".*

Cuando nuestra hija Lauren decidió probarse en el equipo de sóftbol de la escuela, no fuimos de inmediato a tirar cientos de dólares en el equipo más reciente y lecciones con un profesional del sóftbol para que la ayudara a pasar las pruebas. Ella usó el guante de su hermana mayor, y como ya había suficiente aluminio recargado en la pared del dugout como para construir toda una casa [contenido en los bates de las otras chicas], pensamos que no necesitaba tener su propio bate.

Lauren logró entrar al equipo. Pronto después de que las prácticas hubieran comenzado, ella abrió una conversación en la mesa diciendo: "Papá, necesito unas zapatillas de clavos". Note que lo que dijo no fue: "*¿Puedo* tener zapatillas de clavos?", sino: "*Necesito* unas zapatillas de clavos". No le compré las zapatillas. ¿Por qué no? Porque la razón de Lauren fue: "¡Pero papá! *Todas* las tienen".

No quería que mi hija esperara que cuando se uniera al club del pasatiempo-del-mes, yo fuera a surtirle el equipo de alta tecnología más reciente. Los muchachos cambian de intereses con más frecuencia que de ropa interior. Si usted les cumple cada deseo, los está entrenando para que crean que siempre que quieran algo, todo lo que tienen que hacer es recurrir a papá o a mamá, y que ustedes se los van a dar. ¿Y qué tan bien piensa que va a funcionar eso cuando algún día uno de sus hijos se vaya del nido, ganando un salario básico inicial en su primer empleo, y comience a acumular gastos en su primera tarjeta de crédito porque todavía tiene que tener lo último y lo mejor?

La manera en que responda a lo último y lo mejor ahora establecerá un patrón para la vida de su hijo. ¿Siempre va con la multitud y hace lo que todo el mundo hace, aun y cuando no sea lógico? ¿Eso significa que no les compre nada a sus hijos? No, no dije eso. Lo importante es que piense sus decisiones con cuidado y que utilice la moderación.

Mito número 5: *"Una agenda llena de actividades es buena para los niños. Que experimenten todo lo que puedan".*

Los horarios de actividades de muchos niños compiten con la rutina de entrenamiento de un atleta olímpico. Algunos padres se enorgullecen de esta exageración en su compromiso porque ellos mismos están corriendo veloces sobre su propia rueda sin fin y llevando su mucha ocupación como una medalla de oro. Lamentablemente, terminan empujando a sus hijos a que corran sobre esa misma rueda sin fin de actividades.

Todos queremos lo mejor para nuestros hijos, y queremos que nuestros hijos tengan éxito. ¿Pero qué es éxito para usted? Y, ¿su definición realmente representa el tipo de verdadero éxito—ese sentimiento de afirmación y satisfacción—que llevará a su hijo por la vida? El verdadero éxito se desarrolla sobre autovalía, en sentirse bien con quien es usted. No tiene nada que ver con correr constantemente en esa pequeña rueda sin fin, haciendo más y más cosas para sentirse aceptado. Un sentido saludable de autovalía se basa en relaciones fuertes, saludables, especialmente con familiares, y el sentido de pertenencia que ofrecen esas relaciones.

Como digo a menudo: "Las muchas actividades no son buenas para los niños". Lo que sus hijos más necesitan es su amor, su cuidado y la seguridad de saber donde pertenecen. Necesitan amor descansado, y eso no va a suceder mientras usted corre del punto A al punto B. Por eso recomiendo solamente una actividad por niño por semestre. No puede tener una conversación regular y significativa con sus hijos si siempre está fuera de casa aprendiendo cómo batear una curva suspendida. Se sorprendería de las cosas que usted descubrirá de sus hijos cuando tenga tiempo libre no programado con ellos. Solamente inténtelo y vea.

Mito número 6: *"Un niño talentoso es un niño exitoso".*

¿Por qué es que nosotros los padres tenemos una necesidad tan apremiante de que nuestros hijos sean el número uno? Yo hablo con muchos padres cuando viajo, y doy charlas por todo el país. Y por lo menos una vez en cada viaje que hago, sé que un padre se me va a acercar después de mi plática, se va a presentar y va a hacer esta declaración familiar: "Mi hijo es muy talentoso". El tono de voz del padre parece implicar que el cielo está enfocando toda su atención en esta alma verdaderamente extraordinaria y que el resto del mundo debería hacerse a un lado y rendirle homenaje.

La mayoría de la gente cree que una persona exitosa es alguien que se ha levantado hasta la cumbre y que aporta a la sociedad. ¿Y qué niño está mejor posicionado para este ascenso que el talentoso? La verdad es que todos estamos en un eje horizontal juntos; ninguno de nosotros es mejor que la siguiente persona. Nos necesitamos porque estamos viajando por la vida juntos. De eso es de lo que se trata una familia.

Pero esto es de lo que la mayoría de la gente se pierde. Los talentos son herramientas, y son solamente tan buenos como el que los usa. Su hijo quizá pueda recitar el valor de pi al décimo dígito, pero ¿qué tan equitativamente divide su dulce con sus hermanos? Su hija quizá sea una animadora, la reina del baile y la que dé el discurso de despedida en la graduación, pero ¿qué tan bien trata a las niñas "anónimas" que caminan invisiblemente por los pasillos de la escuela?

El intelecto es una cosa maravillosa, pero ser inteligente

puede llevar a su hijo a la cárcel con la misma facilidad que a la mejor universidad tecnológica del mundo. Tener un talento sin una actitud saludable de la vida es como un coche de carreras de fórmula uno sin mucho hule en los neumáticos: rápido en las rectas, pero peligroso en la curvas. La vida se trata principalmente de navegar por esas vueltas, algunas de ellas agudas como un alfiler. Sin importar que su hija sea "talentosa" o no, puede prepararla para la vida a través de enfocarla en su actitud más que en sus logros.

Mito número 7: *"Iniciar a los niños temprano en la escuela les va a dar una ventaja adicional".*

¿Es su hijo un "pequeño ruiseñor"? Los pequeños ruiseñores conocen los colores y pueden cantar el alfabeto completo. Pueden contar del uno al diez en inglés junto con sus personajes favoritos de *Plaza Sésamo*, y pueden pasar rápidamente de una palabra a otra en su libro favorito. Y si ese pequeño ruiseñor cumple años en el otoño, quizá parezca tener sentido académicamente que inicie la escuela un año antes.

Por favor, no lo haga. Si lo académico es la base principal para iniciar a su hijo temprano, probablemente le esté haciendo un perjuicio. Social y emocionalmente, su hijo quizá no esté listo. Cada vez que se me enfrente con la decisión de hacer de un niño el más joven o el más grande del jardín de niños, yo optaré por hacerlo el más grande nueve veces de diez.

Esta decisión no siempre marcará una diferencia inmediatamente. Quizá no sea útil hasta que el plan de estudios cambie significativamente, como en cuarto grado, por ejemplo, cuando los deberes realmente incrementan, o bien, en la escuela de enseñanza media cuando el cuerpo de los niños comienza a cambiar. No hacer que los niños inicien temprano en la escuela puede marcar una diferencia tremendamente positiva en su vida, especialmente para los niños.

Mito número 8: *"En el mundo competitivo de hoy, es importante que un niño termine en primer lugar".*

Muchos de nosotros descubrimos pronto que no siempre terminamos en primer lugar. De hecho, una de las lecciones más importantes que un niño puede aprender es cómo terminar al *último*, como experimentar y aprender del fracaso vez tras vez; porque la vida está llena de ello.

Lamentablemente, muchos padres sienten que su responsabilidad principal es probar los límites de la habilidad de su hijo para ver si él o ella quizá sea el siguiente bicampeón de *snowboard* y actor de cine o la medallista mundial de gimnasia y autora de libros. Pero es mucho más importante preparar a nuestros hijos para vivir con sus limitaciones que darles una expectativa de éxito quebrado.

Ganar juegos y campeonatos no nos hacen quienes somos. Lo que nos hace quiénes somos es cómo volvemos a la caja de bateo de la vida después de que nos han sacado por poncharnos. No salirnos con la nuestra o no terminar en la cima no es lo peor del mundo. Esas experiencias nos pueden enseñar humildad: aquello que su hijo quizá necesite algún día cuando esté casado y tenga que saber cómo poner los sentimientos de su cónyuge primero.

— ❦ —

Lo que nos hace quiénes somos es cómo volver a la caja de bateo de la vida después de que nos han sacado por poncharnos.

Mito número 9: "Si los niños se proponen algo, pueden hacer cualquier cosa".

Si usted se lo propone, puede lograr mucho; eso es verdad. Pero usted *no puede* hacer cualquier cosa solamente por proponérselo. Suena obvio, lo sé. No obstante, el principio es fácil de obviar, especialmente cuando tiene que ver con su hijo. Sin importar lo mucho que su hijo se esfuerce, él o ella jamás podrá lograr ciertas metas.

Un buen padre reconoce las limitaciones de su hijo y no lo presiona con expectativas poco realistas. Las grandes expectativas pueden presionar demasiado fuerte y rápido a los niños para hacer lo que nunca podrán lograr. Y luego, ¿cómo cree que se sentirán? Como unos fracasados.

Promedio no es una mala palabra. No obstante, muchos padres comienzan a presionar a sus hijos temprano en la vida para llegar a estar "arriba del promedio", como si estar arriba del promedio desde temprano garantizara que el pequeño Felix o la pequeña Felicia estarán por sobre el promedio toda su vida. No es así. Siempre habrá alguien que sea mejor que el pequeño Felix o la pequeña Felicia.

Esta es la realidad: Para el momento en que la mayoría de nosotros llegamos a nuestros veintes, pocos de nosotros estaremos arriba del promedio, pocos de nosotros estaremos por debajo del promedio, y la amplia mayoría de nosotros estaremos justo en el medio. Pero al final, ¿realmente importa tanto? ¿Donde estaríamos sin tenderos, doctores, agricultores, albañiles y demás? El mundo necesita que diferentes personas tengan funciones distintas. Qué aburrido—y frustrante—sería si todos estuviéramos intentando ser lo mismo y hacer los mismos trabajos.

El desarrollo humano no es una carrera; ¡no se trata de ver quién llega primero a ningún lado! El carácter requiere ser probado y, por lo tanto, realmente no se ve mucho hasta que somos adultos. Además, se pierde de bastante si queda atrapado en el juego de "mi hijo puede hacer cualquier cosa". Así que en lugar de comparar a su hijo con otros, disfrútelo. De la misma manera en que usted cultiva una flor, plante la semilla, espere un poco, mantenga los ojos enfocados en su hijo, disfrute el primer retoño, y luego permítase enamorarse de la belleza que finalmente surja; unos veinte años después. A largo plazo, lo que su hijo no puede hacer no importa. Quién es su hijo, lo dice todo.

Kevin Leman, Ph.D., es un psicólogo cristiano conocido internacionalmente, autor galardonado, personalidad de la radio y la televisión, y orador. El Dr. Leman ha enseñado y entretenido audiencias mundialmente con su ingenio y psicología con sentido común. Kevin vive en Tucson, Arizona, con su esposa, Sande, y tienen cinco hijos.

3

"Fue como si nunca hubiera existido"

Gary Thomas

Sucedió a principios de mis treintas, cuando yo era un joven padre de tres pequeños hijos. Ese día en particular estaba de viaje para ir a un evento al cual me habían invitado como orador, estaba esperando que me recogieran en el aeropuerto. Ernie, el que me iba a llevar, estaba en un punto bastante diferente de su vida de crianza de niños: tenía el nido vacío e hijos adultos. Ernie había trabajado duro para apoyar a su familia, y ahora en su retiro estaba poniendo sus energías en desarrollar el ministerio de hombres de su iglesia.

Ernie había escogido el retiro a temprana edad de una de las empresas más estables y mejor conocidas de los Estados Unidos. Hasta finales de los ochenta, si usted podía conseguir un empleo con esta empresa, podía esperar haber encontrado empleo de por vida. La empresa pagaba bien, pero exigía demasiado de sus trabajadores. Ernie me explicó por qué se había alejado de eso.

"Le dábamos nuestra vida a la empresa—dijo Ernie—. Cuidaban de nosotros, pero [la administración] esperaba que organizáramos nuestra vida alrededor del trabajo. Si alguna vez decíamos que no, incluso solo una vez, éramos removidos de la fila de las promociones y mantenidos en una espiral vocacional por el resto de nuestra carrera. Así que teníamos que llegar a trabajar temprano e irnos tarde".

Uno de los compañeros de trabajo de Ernie era un hombre más joven a finales de sus cuarentas que había trabajado al lado de Ernie durante años. Una mañana el hombre no llegó a trabajar y Ernie asumió que estaba enfermo; hasta que su esposa llamó a las 8:30 a. m. con las impactantes noticias de que el hombre había muerto. Su corazón se había detenido al estar tomando el desayuno.

"Escogieron su reemplazo esa misma tarde—dijo Ernie—, y el hombre estaba trabajando temprano a la mañana siguiente, menos de veinticuatro horas después de que su predecesor hubiera fallecido. Invertimos unos quince minutos dándole al tipo nuevo una rápida orientación, pero estaba familiarizado con lo que estábamos haciendo, así que no le tomó mucho tiempo. Todo corrió increíblemente suave".

Ernie hizo una pausa, mirando por el parabrisas, antes de continuar. "Ninguno de sus otros compañeros de trabajo fueron al funeral de este hombre. Conocían al hombre, pero no conocían a su familia; pensaron que no importaría tanto. Después del entierro, hasta donde le concernía a la empresa, era como si nunca hubiera existido. Le dio toda su vida a la empresa, llegando temprano y yéndose tarde, pero la empresa no perdió el paso—ni un solo paso—cuando murió. Es terrible decir esto, pero en cierto modo, la empresa tuvo un inconveniente menor con su muerte que si le hubiera otorgado dos semanas de vacaciones".

Después del compromiso donde di mi charla, Ernie me pasó a dejar al hotel, pero sus palabras permanecieron conmigo.

¿IRREMPLAZABLE?

Al día siguiente abrí la puerta principal de nuestra casa, entré y escuché el grito familiar: "¡Papá!", y pronto sentí tres pares de brazos alrededor de mis piernas y mi cintura. Mi esposa, Lisa, nos acompañó en un paseo, y Graham, quien tenía apenas cuatro años, iba de la mano de mi esposa y mía al mismo tiempo, proclamando orgulloso: "¡Ahora toda la familia está junta!". Besó la mano de Lisa y luego besó la mía.

Kelsey, que apenas tenía dos años, tenía una gran sonrisa en la cara cuando me vio y gritó: "¡Papá casa!".

Las palabras de Ernie: "Fue como si nunca hubiera existido", hacían eco en mi mente. A principios de ese otoño, había viajado ocho de nueve fines de semana representando a una organización sin fines de lucro. Anticipándose a las nuevas exigencias, mi jefe le había dado a algunos del equipo sénior un generoso aumento, por el cual mi esposa y yo estábamos muy agradecidos, pero tuvimos que preguntarnos: "¿Cuánto cuesta un fin de semana lejos de los niños?". Durante la semana, un largo viaje al trabajo significaba que tenía que salir de casa antes de que los niños despertaran, y quizá no regresaba hasta una hora más o menos antes de que se fueran a la cama. Añadirle los viajes del fin de semana al horario entre semana comenzó a parecer demasiado caro, incluso con un salario mayor.

> *Así que tuvimos que preguntarnos: "¿Cuánto vale un fin de semana lejos de los niños?".*

No fue fácil considerar un empleo alternativo—como licenciado en inglés, no soy particularmente comercializable, ni apto para el mundo empresarial—y como tenía tres hijos en casa y estaba comprometido con que mi esposa estuviera dedicada a ellos, toda la carga financiera recaía en mí. Pero también sabía que si caía muerto de una embolia relacionada con el estrés, escribirían algunas palabras lindas en el boletín de la organización, algunas personas dirían: "¿Supieron lo de Gary?" en la siguiente convención anual, pero más pronto que tarde se encontraría un reemplazo capaz, y a la organización le seguiría yendo bastante bien. A los ojos de esa organización—y no estoy reprochándoles nada—en un año, si no es que menos, sería como si yo nunca hubiera existido.

Pero los pequeños pies que corrieron a la puerta para saludarme con la celebración y la energía de un Desfile del Día de Acción de Gracias narraban una historia completamente distinta. Para mis hijos, yo no era reemplazable. Para ellos, mi presencia importaba enormemente.

UN LARGO VIAJE

Después de largas conversaciones con mi esposa, y otro año y medio de trabajar tan febrilmente como podía los fines de semana y las noches para hacerlo posible, comencé una etapa de autoempleo. No podía levantarme y dejar mi empleo anterior—tomar una decisión a la carrera es un lujo que el único sostén de la casa no se puede dar—pero estaba determinado a obtener cierto tipo de control sobre mi horario de modo que pudiera escoger a quien decepcionar con mi ausencia. Y yo tenía el propósito de poner a mi esposa y a mis hijos al mismísimo final de esa lista.

No quiero pintarle una imagen demasiado optimista o pretender que no hubo verdaderos sacrificios que hacer o riesgos que tomar. Nuestros ingresos se desplomaron el primer año que trabajé en casa. Para el segundo año, la presión era tan fuerte que un contador nos dijo que podíamos declararnos en bancarrota. Pero no lo hicimos; y yo dupliqué mis esfuerzos y triplicamos nuestras oraciones. Para el tercer año, de hecho estábamos ganando más de lo que había ganado en mi último año de empleo a tiempo completo. Para el cuarto año, nuestros ingresos crecieron considerablemente, y finalmente pudimos ver en el horizonte la posibilidad de estar libres de deudas excepto por nuestra hipoteca.

No obstante, el mayor beneficio no fue financiero sino personal: capturé pequeños momentos a lo largo del día con mis hijos, quienes fueron enseñados en casa hasta la escuela media superior. Un día, cuando mi hija menor tenía ocho años, llamó a la puerta de la oficina y me preguntó: "¿Tienes globos en tu oficina?".

El mejor beneficio no fue financiero sino personal: capturé pequeños momentos a lo largo del día con mis hijos.

"No. ¿Por qué tendría globos en mi oficina?", pregunté. En una voz cantarina, mi pequeña hija contestó: "Ay, pues porque son lo que más te gusta, tontín. Excepto por las niñas de ocho años, por supuesto". Después, desapareció, sin explicar el comentario o la necesidad, pero bendiciendo mi día inconmensurablemente. Me mantuve autoempleado por los siguientes quince años, hasta que Kelsey se graduó de la escuela de enseñanza media-superior. He vuelto a trabajar días bastante largos fuera de casa, y una vez más tengo un empleador. Ayer, de hecho, llegué a la iglesia a las 6:30 a. m. y no salí hasta las 8:00 p. m. Sin embargo, ya entrada la tarde, la misma hija que una vez me preguntó si tenía globos en la oficina me llamó para ver si podía revisar un trabajo que estaba escribiendo para su clase de religión en la universidad. Después de trabajar en el ritmo de la pieza y de actualizarnos con lo que estaba pasando en nuestra vida, se despidió con un: "Te amo, Papi".

Ella ya tiene diecinueve años. Ella todavía me dice: "Te amo, Papi", casi cada vez que llama. Eso vale mucho más que un salario. No puedo imaginarla—o a mis otros dos hijos o a mi esposa—decir *alguna vez*: "Es como si nunca hubiera existido". Gracias, Ernie. No sé dónde estés ahora, pero te debo una. Y muy buena.

Gary Thomas (www.garythomas.com) es un escritor y sirve en el equipo de enseñanza de la iglesia Second Baptist Church de Houston. Es autor de varios libros incluyendo: Sacred Parenting *[Crianza sagrada de los hijos] y* Devotions for Sacred Parenting *[Meditaciones para una crianza sagrada de los hijos]. Gary y su esposa, Lisa, son padres de tres hijos adultos.*

4

Reconforte a sus hijos con su amor

Shaunti Feldhahn

Créame: ¡Uno obtiene consejos prácticos y reveladores sobre cómo criar a los hijos cuando escucha a mil quinientos niños! Mis propios hijos tenían solamente tres y seis años cuando comencé a realizar una investigación para un libro que develaría los pensamientos, temores y necesidades internas comunes de los adolescentes que los padres realmente necesitan comprender. A medida que entrevistaba y encuestaba a cientos de preadolescentes y adolescentes para *For Parents Only: Getting Inside the Head of Your Kid* [Solo para padres: Métete en la cabeza de tu hijo], estaba segura de que su consejo también me ayudaría a medida que mis hijos crecieran. Sin embargo, para lo que nada me hubiera preparado fue el momento en el que mis descubrimientos más aleccionadores cobrarían vida delante de mis ojos, en las palabras de mi hija de ahora once años. Y fue básicamente mi culpa.

BIEN INTENCIONADA...PERO ESO NO IMPORTABA

Mi hija es una dulce niña, pero cuando llegó a los once años, comenzó con lo que yo cariñosamente llamo: la fase de "torcer los ojos". Mi esposo, Jeff, y yo estábamos determinados a cortarlo desde el inicio antes de que se volviera un hábito. Todo lindo y bien, ¿no? Así que cada vez que ella nos hablaba con un tono sarcástico, azotaba una puerta para énfasis o nos daba *esa mirada*, la reprendíamos y hacíamos que repitiera sus acciones o sus palabras de un modo más respetuoso. Algunas veces lo hacía con una buena disposición, pero algunas veces la situación se deterioraba hasta que se pronunciaban palabras llenas de enojo de ambos lados. A medida que pasaban los meses, noté que su personalidad que normalmente era amable y de buen corazón se estaba volviendo más volátil y menos comunicativa.

Todo llegó a un enfrentamiento cierta mañana, no hace mucho tiempo, durante el típico apresuramiento antes de la escuela. La noche anterior, habíamos llegado tarde del entrenamiento de fútbol. Como mi hija había elegido—a pesar de mis fuertes advertencias—pasar la tarde leyendo por diversión en lugar de terminar sus deberes escolares antes del fútbol, la hice irse a la cama a las 9:00 p. m. como siempre, aunque se quejó de no estar segura de poder terminar sus deberes escolares antes de la escuela.

A la mañana siguiente, con solamente quince minutos antes de irnos a la escuela, la vi febrilmente escribiendo en su libreta, tratando de terminar su tarea de ciencias naturales. Pensé: *Este es un buen momento de enseñanza para ayudarla a entender las consecuencias de haber dejado las cosas para última hora.*

Caminé hacia donde estaba sentada y le dije con un tono de voz compasivo: "Ay, no pudiste terminar anoche, ¿verdad?".

Mi dulce hija me miró y me gruñó: "¡No, porque no me dejaste hacerlo!".

¡No, bueno! Sentí esa ira de autojustificación paternal levantarse y me le lancé encima: "Guarda tus libros *ahora*".

Siempre había tratado de no gritarle a mis hijos, pero mi tono ciertamente era frío y lleno de furia, y la vi encogerse en su silla. "No tienes permitido hablarme así, y lo sabes—continué—. Tú escogiste no hacer tus deberes escolares cuando tuviste la oportunidad, y ahora tendrás que decírselo a la maestra y enfrentar las consecuencias. Métete a la camioneta".

Se apresuró a obedecerme.

Cuando su hermano pequeño y yo nos subimos a la minivan unos minutos después, escuché el sonido de sollozos en el asiento trasero mientras metía la llave en la ignición. Al voltearme en mi asiento para echar marcha atrás y salir del garaje, la volteé a ver y le dije: "¿Por qué estás llorando si tú fuiste la que me habló mal. Sabes que eso es incorrecto".

"Siento que...*sollozo*...como si nunca...*sollozo*...fuera lo suficientemente buena para ti".

Instantáneamente, mi ira fue remplazada con una terrible convicción de pecado y preocupación. Aquí estaba yo, a los cuarenta y tres, derramando mi furia en una niña de once años. Ella ciertamente sabía que no debía ser irrespetuosa, pero era solo una niña. Ella todavía está aprendiendo a controlar sus palabras y sus acciones. Sí, también me puedo ofender, enojar o indignar, pero yo tengo treinta y dos años más de experiencia practicando cómo se controlan esos sentimientos, especialmente hacia alguien a quien amo más que a mi propia vida.

Pero eso no fue lo único de lo que me di cuenta en ese momento. A causa de mis investigaciones, de pronto supe lo que ella *no estaba* diciendo, pero que estaba sintiendo en privado. Ella no me estaba manipulando o siendo la reina del drama: las dos sospechas más comunes de los padres en tales situaciones. Su reacción indicaba algo mucho más serio.

LOS NIÑOS SECRETAMENTE DUDAN DEL AMOR DE SUS PADRES

Una y otra vez, a medida que mi coautora, Lisa Rice, y yo entrevistamos a los adolescentes para nuestro libro, era claro que muchos de ellos honestamente sentían que mamá y papá no estaban a su favor ni los apoyaban cuando cometían errores. Al principio parecía algo benigno, como una situación del tipo: "Ay, que pena". Pero pronto me di cuenta de que esta es la percepción más peligrosa que los niños pueden tener acerca de sus padres.

Cuando los muchachos sentían que habían recibido ira, disciplina o consecuencias *sin* el refrendo específico del amor y sin la promesa de que sus padres los acompañarían a lo largo de esas consecuencias, comenzaban a sentir que el amor de sus padres era condicional. En su mente, el amor de sus padres parecía desaparecer cada vez que cometían errores.

Cientos de niños nos describieron a Lisa y a mí ejemplos cotidianos de cuando (ellos pensaban) que el amor era reemplazado por frialdad, condenación o ira sin un perdón explícito y sin palabras de refuerzo del amor. Un niño de diecisiete años llegó más tarde de lo autorizado y sintió que no solamente estaba perdiendo sus privilegios para usar el coche, sino también la calidez de sus padres. Cuando una niña de catorce años hablaba sarcásticamente y torcía los ojos, sentía que el exabrupto de furia de su mamá no solamente iba dirigido hacia su falta de respeto. La reacción de su mamá parecía estar diciendo que ella era un fracaso como persona. En esos y cientos de otros ejemplos, los adolescentes sentían que sus padres estaban diciendo una cosa: "No te amo en este momento".

Sin el refrendo específico del amor y sin la promesa de que sus padres los acompañarían a lo largo de esas consecuencias, los muchachos comenzaban a sentir que el amor de sus padres era condicional.

Al principio, por ejemplo, una niña de dieciséis años dijo esto: "Cuando tus padres te ponen tus fracasos en una bandeja para que los contemples, es difícil porque tú ya *sabes* que has fracasado. Creo que un padre necesita apoyarte en lugar de tratar de arreglarte. Cuando meto la pata, sé que necesito enfrentar las consecuencias que me imponen, pero no necesito que me arreglen. Necesito que me consuelen. Necesito que mi mamá o mi papá me escuchen y me apoyen en lugar de hacerme entender claramente que no soy lo suficientemente buena para ellos".

A diferencia de los adolescentes con los que hablamos al azar, sucedió que los padres de esta niña eran amigos en común de una pareja que conocíamos bien, así que sabíamos que era una amorosa pareja cristiana que adoraba a su hija. Yo también sabía que esta niña era razonable y equilibrada. Perpleja y desconcertada, ya que sus palabras eran el código adolescente para "no les importo", le pregunté: "¿Qué es lo que te dicen o hacen que te hace pensar que no eres lo suficientemente buena para ellos?". Después le hice la misma pregunta a muchos otros adolescentes que hacían declaraciones semejantes. Las respuestas que escuché eran cosas como estas:

- "Es cuando se enojan y se quedan enojados un rato. Es atemorizante que tu mamá o tu papá esté furioso contigo. No se trata del castigo sino de que no estén de tu lado durante el castigo".
- "Se siente como si jamás me fueran a perdonar. Se siente esta molestia sin resolver en el aire. Como si lo que hice es *tan malo* que les disgusta mi propia existencia".
- "Mi mamá no reacciona y nunca me dice: 'Estamos decepcionados, pero sabemos que la gente algunas veces comete errores y te perdonamos'".
- "Me reprenden por lo malo, pero no me felicitan por lo bueno".
- "No me ayudan a descubrir cómo manejar cuando meto la pata. Me dejan solo cuando más los necesito".
- "Cuando me vuelven a castigar en la escuela—una vez más—ellos se encogen de hombros como si no les importara. Es como si dijeran: 'Ya te dijimos que tengas más cuidado. Así que no nos vamos a involucrar. Tienes que arreglar esto tú solo'".
- "Mi papá no me habla cuando está enojado, pero jamás me castiga. Es horrible cuando me trata con indiferencia".
- "No escuchan" (esto es el léxico adolescente para: "No escuchan como me *siento* acerca de algo").

- "Se ponen mal" (esto es el léxico adolescente para: "Muestran una emoción visible en lugar de estar calmados").

Casi todos los niños declararon que, en el momento de cometer errores, sentían como si el amor de sus padres se hubiera desvanecido y fuera remplazado por ira, juicio o condenación. En otras palabras, sentían que sus padres no los amaban cuando hacían las cosas mal, lo cual levantaba la terrible duda (aun inconsciente) de si sus padres realmente los amaban desde un principio. Y en un pequeño porcentaje de casos, los adolescentes estaban tan convencidos de que no eran amados, que era fatal para la relación padre-hijo. Esos adolescentes habían sacado por completo y profundamente a sus papás y mamás de su corazón.

Lisa y yo frecuentemente comparábamos notas acerca de lo trágica que era esta tendencia; trágica porque era claro para nosotras que no tenía por qué suceder. Como padres (ella tenía cuatro adolescentes), podíamos ver instantáneamente que los ejemplos que los muchachos compartían *no* eran evidencia de que los padres no amaban a sus hijos, sino de que había padres bien intencionados que estaban simplemente enojados. Padres que no se habían dado cuenta de que sus hijos no solamente necesitan corrección y disciplina delante de los errores, sino también un reforzamiento explícito y continuo del amor de su mamá y su papá. Padres que no se habían dado cuenta de cómo percibirían sus hijos sus palabras y sus acciones. Padres... como yo.

LOS HIJOS NECESITAN QUE LES REFRENDE SU AMOR

Perpleja, simplemente me le quedé viendo a mi hija. Con esas palabras de su boca escuché en mi mente el eco de cientos de otras voces jóvenes, y me di cuenta de que ella verdaderamente se estaba cuestionando si su mamá de veras la quería; y que se lo había estado preguntando durante meses.

Envié una oración rápida al cielo mientras estacioné la camioneta, me desabroché el cinturón, me bajé, caminé alrededor al otro costado de la camioneta, y abrí la puerta. Me incliné y le di un largo, largo abrazo. Ella no quería abrazarme de vuelta (una clara señal de que había comenzado a cerrar su corazón hacia mí sin que yo me diera cuenta), pero persistí.

"Mi amor, mírame". Ella no quería voltear, así que le hablé a su cabeza inclinada. "Mi amor, lo siento. No tenía idea de que te estaba haciendo sentir como si no fueras suficientemente buena para mí. ¿Eso te hace sentir como si yo no te quisiera?".

La pequeña cabeza rubia asintió. "Por supuesto, que así me siento". "Mi amor, lo siento mucho. Te amo a ti y a tu hermano más que a mi propia vida. No importa lo que hagas mal. Nada puede hacer que deje de amarte".

Un sollozo apagado. "No lo siento así".

"Lo sé, y lo siento. Siento mucho haberme enojado contigo sin también decirte lo mucho que te amo. También siento mucho haberte hecho sentir que no te quiero. ¿Puedes perdonarme?".

Ella de inmediato asintió con la cabeza.

"Gracias, preciosa". Dudé, miré el reloj, y pensé en que esto era más importante a que los niños llegaran a tiempo a la escuela. "¿Puedes decirme que es lo que hago que te hace sentir que no te amo?".

Otra pequeña—y temblorosa—voz se escuchó: "Es cuando te enojas tanto con nosotros".

Mi cabeza volteó de inmediato. Mi hijo de ocho años estaba mirándome del otro lado de la camioneta con lágrimas en sus ojos y su barbilla temblando por el esfuerzo de no llorar. "Yo también me siento así".

Anonadada, comencé a mirarlos a los dos y dije: "Bueno... algunas veces es difícil que una mamá o un papá no se enoje. Ayúdenme a entender que es lo que se siente tan mal. ¿Es la parte mala de que *yo estoy* enojada, o que ustedes están en problemas o que los estoy castigando o que les estoy hablando con un tono de voz de enojo?"

"Cuando nos hablas con un tono de voz de enojo", dijeron al unísono.

Les hice la siguiente pregunta ya sabiendo lo que escucharía como respuesta: "¿Sería mejor que yo estuviera igual de enojada, pero que les hablara con calma?".

Cuando ambos asintieron, les prometí en ese momento que haría mi mejor esfuerzo. Les pedí que me dijeran cuando yo estuviera entrando en mi (según sus palabras) "voz enojada-espantosa". Les prometí que le pediría a Dios que me ayudara a amarlos como Él nos ama a todos nosotros cuando cometemos errores. Especialmente, les prometí escuchar mi propia voz y cambiar mi tono cuando fuera necesario; algo que de hecho he tenido que hacer varias veces desde entonces. A causa de haber recibido el consejo de mil quinientos muchachos, me he determinado (¡con la ayuda sobrenatural de Dios!) a hacer lo *opuesto* de las cosas que mencioné anteriormente. Más bien he intentado lo siguiente:

- Cuando me enojo, trato de mostrarle a mis hijos que no me voy a quedar enojada. Les tiendo los brazos, los abrazo y les digo: "Estoy enojada, pero te amo".
- De inmediato les digo: "Te perdono".
- Digo: "Estoy decepcionada, pero solo es un error y sé que lo vas a hacer mejor la próxima vez".
- Trato de notar sus buenas decisiones y de mencionárselos.
- Cuando se meten en problemas conmigo o con los demás, trato de mostrarles que estoy con ellos; aun y cuando ello simplemente signifique acompañarlos a entrar a la escuela y decirles: "Te amo", cuando nerviosamente van a decirle a la maestra que no terminaron los deberes a tiempo.
- Escucho y reconozco las emociones turbulentas debajo de la superficie del problema ("¿Te preocupa que te vas a sentir avergonzado delante de tus amigos si llegas tarde porque estabas castigado?").
- Trato de mantenerme ultra calmada cuando me están diciendo algo que saben que Jeff y yo no vamos a querer escuchar.

HAGA QUE SUS HIJOS SE SIENTAN A SALVO

En los meses después del incidente—y porque me he determinado mucho más a mostrar una "ira calmada" y *probar* mi amor delante de sus errores—he visto a mi hija salir de su caparazón, compartir nuevamente sus sentimientos y arriesgarse a decirme cosas que de otro modo hubiera escondido de mi vista. Incluso ha vuelto a extender su mano y tomar la mía cuando caminamos por un estacionamiento o en el centro comercial. Mi hijo es un poco demasiado joven para la rebeldía preadolescente, pero se ha vuelto, más que cualquier otra cosa, más afectuoso que antes. Ciertamente he cometido errores, pero les he dado permiso a mis hijos de decirme cuando utilizo ese tono de voz iracundo que los asusta, y tengo que reconocer que lo han hecho con todo respeto. Y también me han prevenido con anticipación: "Mamá, ¿te puedo decir algo sin que te enojes?".

Aprendí muchas cosas y obtuve algunos consejos que cambiaron mi vida en mis años de investigaciones con mil quinientos adolescentes, pero ciertamente uno de los más importantes es este: Los muchachos al parecer no lo hacen, pero cuando cometen errores verdaderamente se preguntan, en lo profundo, si sus padres realmente los aman. Y ellos necesitan que sus padres respondan esa pregunta con un resonante sí.

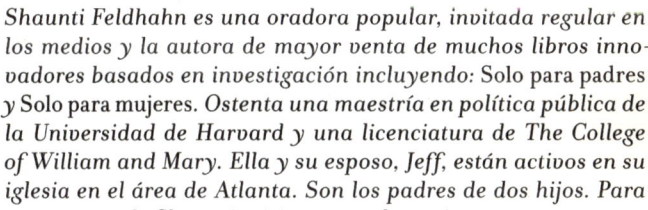

Shaunti Feldhahn es una oradora popular, invitada regular en los medios y la autora de mayor venta de muchos libros innovadores basados en investigación incluyendo: Solo para padres *y* Solo para mujeres. *Ostenta una maestría en política pública de la Universidad de Harvard y una licenciatura de The College of William and Mary. Ella y su esposo, Jeff, están activos en su iglesia en el área de Atlanta. Son los padres de dos hijos. Para más acerca de Shaunti, visite www.shaunti.com.*

5

¡Conozca a sus hijos!

Dannah Gresh

Bob y yo realmente no estábamos listos para ser padres. Estábamos contando con cinco años de diversión antes de ponernos realmente serios acerca del asunto familiar. Pero Dios estaba en control y con su maravillosa sabiduría, nos regaló a Robert William Gresh IV quince meses después del día de nuestra boda.

Robby era el niño soñado de toda mamá. Nunca—se lo aseguro—¡nunca lloraba! Si necesitaba un cambio de pañal o estaba particularmente hambriento, refunfuñaba suavemente. Seguí trabajando después de su nacimiento porque cuidarlo en casa era aburrido. Él era simplemente demasiado fácil de cuidar, y se sentaba felizmente y en silencio en nuestra pequeña compañía de comercialización. Así que yo seguí escribiendo informes de comercialización y disfrutando los arrullos y risitas de mi nuevo bebé.

Robby siempre estaba feliz. De hecho, una vez Bob accidentalmente lo dejó encerrado en el coche un par de horas—mientras el resto de nosotros frenéticamente tratábamos de abrirlo—¡y él solo sonreía y disfrutaba la espera!

Así que usted puede entender mi consternación cuando Alexis Ellyse Gresh entró a escena. Qué día de sorpresas... Primero que nada, el doctor había estado muy seguro de que era un niño. Me sentí tan bendecida cuando me dijo que necesitaba buscar un nombre distinto porque iba a tener una niña. Pero luego... me dejaron sola con ese pequeño paquete de niña, y algo extraño sucedió. Ese pequeño paquete comenzó a gritar a todo lo que daban sus pequeños pulmones recién nacidos. Las venas comenzaron a saltársele en la frente y el cuello. ¡Algo estaba sumamente mal! Así que oprimí ese maravilloso botón rojo para llamar a una enfermera tan rápido como fuera posible; y dejé que la bebé se recostara en la cama en caso de que tocarla complicara lo que fuera que estaba sucediendo.

—Ella solo quiere que le cambie el pañal—me dijo una experimentada enfermera después de una breve investigación.

—Pero ella está... llorando—dije—. ¿Está segura de que no le pasa nada más?

—Ellos hacen eso mucho—dijo.

—¿Llorar?—pregunté.

—Sí—dijo la enfermera—. Esta es un poco más escandalosa que otros, pero bueno, usted la ha estado ignorando.

Levantó a mi hija, la cambió, y la acurrucó nuevamente en su cuna acrílica de hospital. La pequeña Lexi ahora estaba en silencio y feliz.

Mi carrera en comercialización terminó pronto después del nacimiento de mi bebé número dos. Lexi era un trabajo a tiempo completo. Gracias a Dios estaba más llena de risitas, exploración y diversión que de solamente gritos y lágrimas.

CADA NIÑO ES ÚNICO

Los niños son tan diferentes entre ellos como la noche del día. Como no hay dos que sean semejantes, ninguno puede ser criado de la misma manera. Por eso es que el mejor consejo que conozco para cualquier padre es Proverbios 22:6: "Instruye al niño en el camino que debe andar, y aun cuando sea viejo no se apartará de él" (NBLH). No puedo recordar quien me dio este consejo, pero ese querido individuo abrió este solo versículo bíblico de una manera en que nadie más lo había hecho.

Por supuesto, la Biblia describe algunos puntos específicos en la manera en que debemos criar a nuestros hijos. Debemos enseñarles a nuestros hijos que no mientan (Proverbios 6:16-17). Deben estudiar mucho como estudiantes (2 Timoteo 2:15). Es mejor si aprenden a orar (1 Tesalonicenses 5:17). Así que hay muchos consejos específicos sobre la manera en que debemos criar a nuestros hijos y, en Proverbios 22:6, Dios refuerza nuestra decisión de instruir a nuestros hijos según esas instrucciones suyas. En el hebreo original, la palabra *instruye* es *hanak* y se traduce mejor como "dedica", indicando que nuestros hijos deben ser dedicados a Dios y a sus caminos.

Pero hay algo más que no podemos dejar de lado aquí: la palabra hebrea usada para *camino* en este versículo es *derek*. Que literalmente significa "mi manera" o "inclinación". Era un término hebreo para arquero; y con *arquero*, me refiero al tipo con el arco y las flechas.

En esa época, los arqueros no recibían un paquete estándar de arco y flechas con cables y botones que pudieran ajustar el arco a su gusto (¡incluso yo puedo atinarle al amplio costado de un granero con un arco y flechas modernos!). En ese entonces, cada arquero salía a buscar su propia pieza de madera y cuidadosamente la tallaba para formar un arco. Como los diferentes tipos de madera varían en fuerza y niveles de humedad, los arqueros probablemente pasaban horas a lo largo de muchos días para por fin descubrir la "inclinación" o tendencia de la madera para poder disparar con precisión el arco que habían tallado. La palabra *derek* se refiere al proceso de conocer bien esa pieza de madera.

¡Esto me dejó asombrada! De pronto entendí por qué Robby y Lexi eran tan drásticamente diferentes entre sí y por qué criarlos tendría que ser llevado a cabo de una manera única y diseñado a la medida. Era como si Dios encendiera una chispa dentro de mí, y supe que me estaba diciendo: "Tengo una manera específica en la que quiero que te dediques a cada uno de tus hijos, pero para que tengas éxito, tienes que conocer los puntos fuertes y las cualidades de cada uno. Como eso te va a tomar un poco de tiempo, planifica invertir en ello. De hecho, te va a tomar mucho tiempo".

¿Tiempo de calidad? ¡Es un mito!

COMPRENDA LA INCLINACIÓN ÚNICA DE SU HIJO

Mis hijos demandan que los estudie. Bueno, en realidad no es su exigencia; sino de Dios. Él quiere que conozca a los muchachos que ha confiado a mi cuidado. Tenemos que ser estudiantes de nuestros hijos—conociendo la "inclinación" de cada uno—para que les podamos impartir los valores de Dios de maneras creativas y personalizadas que impacten a nuestros hijos según sus diferencias únicas.

Si Robby fuera un pedazo de madera, probablemente sería un pedazo grueso, sólido de madera dura como el roble o el arce: su personalidad refleja una fuerza enraizada profundamente. Hoy, como adulto joven, trae una tranquila estabilidad y fuerza a cada situación.

¡La madera de Lexi podría ser de sauce! No es un árbol alto, pero se extiende lejos y a lo ancho con ramas juguetonas. Lexi trae vida, entretenimiento y energía adondequiera que va.

Y nosotros recientemente añadimos a Autumn Qiu Yun Gresh a la familia. La adoptamos cuando tenía catorce años, y ella es una atractiva mezcla entre nuestros dos primeros hijos. Ella es más callada que Lexi, pero tiene un rápido ingenio que surge en el lugar y momento adecuado. Veo a Autumn como un abedul mediano con una corteza juguetona y hojas joviales que son fácilmente bamboleadas por las personalidades a su alrededor.

Cada uno de sus hijos y de los míos tienen puntos fuertes únicos y debilidades únicas. Y los tenemos que disciplinar, dirigir, alentar, llamar y entrenar tomando en cuenta quiénes son ellos.

Y los tenemos que disciplinar, dirigir, alentar, llamar y entrenar tomando en cuenta quiénes son ellos.

Recientemente uno de mis hijos se estaban sintiendo inseguro acerca de su relación madre-hijo porque era distinta de la relación que tengo con uno de sus hermanos. Para ser específicos, el hijo que se me acercó temía que le estuviera dando a su otro hermano consecuencias más fuertes por su mala conducta, ¡y se preguntaba por qué! Gracias al hecho de que Proverbios 22:6 ha sido un tesoro para mí, yo sabía exactamente qué decir. Le expliqué: "Yo jamás te voy a tratar a ti o a amarte de la manera en que lo hago con tu hermano. Tú no eres tu hermano. Tú eres tú. Y yo te voy a tratar y a amar en la manera en que fuiste creado y diseñado para ser amado". Nuestra conversación terminó con mucha apertura y reforzamiento de que los amaba igualmente a ambos, pero de modos distintos.

DÓNDE ENCONTRAR TIEMPO DE CALIDAD

Las investigaciones apoyan mi segundo mejor consejo, que es de hecho el ancla para mi mejor consejo. Y es este: Coman o cenen en familia más días de la semana. Las comidas o cenas familiares no se dan mucho en la mayoría de los hogares, y creo que ese es un gran error. Comer o cenar en familia ha probado incrementar el éxito académico y reducir el comportamiento en riesgo. Un estudio reciente mostró que dos de las actividades más cercanamente correlacionadas con altos puntajes en las pruebas estandarizadas eran comer o cenar juntos en familia regularmente y que sus padres le lean en voz alta a los niños.[1] Ambas son maneras sencillas de invertir una gran cantidad de tiempo en nuestros hijos y ser capaces de estudiarlos y conocerlos.

Compartir los alimentos en familia no solamente genera la oportunidad de desenredar los eventos del día y aconsejar a sus hijos, sino que también es un trampolín para más oportunidades de pasar tiempo juntos a medida que descubre lo que hay en el corazón de sus hijos. Por ejemplo, si Lexi escuchó que todos van a ir a ver una película que parece ser una buena opción de entretenimiento, programamos una noche familiar para ir al cine ese fin de semana. Si Robby está emocionado con jugar persecución con balas de pintura, compramos el equipo y ¡prepárense para morir! Si Autumn extraña la comida de su herencia asiática, nos vamos a la tienda de alimentos orientales para comprar patas de pollo. Si usted no está comiendo o cenando con su familia, inténtelo y vea cómo funciona. Compartir los alimentos es el ancla para la cantidad de tiempo. Yo lo protejo a toda costa; y nuestra familia tiene cinco ocupados horarios que alinear. Algunas veces cenamos a las 8:30 p. m. Algunas veces cenamos donde nos encontremos en nuestro restaurante de comida rápida favorito. Pero siempre comemos o cenamos juntos si sucede que estamos en la ciudad. ¿Por qué? ¡Porque no puedo estudiar a mis hijos a menos que esté con ellos!

Esta noche, voy a intentar preparar sopa de papa al horno. Bob y yo sabemos cómo va a ser la cena antes de que suceda. (Hemos ya estado estudiando a estos niños por largo tiempo). Robby no va a decir mucho, pero lo va a disfrutar sin importar cómo resulte. Lexi va a comentar, nos dirá exactamente lo que piensa de mi nueva receta: fantástica o un fracaso. Autumn los va apoyar a ambos con un toque de humor.

Y todos nos conoceremos un poco mejor al final de la comida.

El mejor consejo que he recibido para criar hijos

---❦---

Dannah Gresh vive en State College, Pensilvania, con su esposo, Bob, y sus tres hijos: Robby, Lexi y Autumn. Dannah es autora de más de una docena de libros, incluyendo Mentiras que las jóvenes creen, Y la novia se vistió de blanco, What Are You Waiting For [Qué estás esperando] y The One-Year Mother-Daughter Devo [El libro de meditaciones anual madre-hija]. Visítela en su sitio web en www.purefreedom.org

6

Cómo hablarle a sus hijos de sexo

Ted Cunningham

Crecí en una iglesia independiente, fundamentalista, premilenialista, que solo aceptaba la versión King-James de la Biblia. El sexo era un tema tabú.

Cuando se hablaba de él, todo el consejo que escuchábamos era: "No", "Esperen", y: "Dejen de hacerlo".

La gente de mi iglesia y de mi casa amaba a Jesús y me enseñaron acerca de Él. Mis padres me leían las Escrituras, y escuchábamos a mi pastor predicar la Palabra cada domingo por la mañana, domingo por la noche y miércoles por la noche. Aprendimos que el sexo fuera del matrimonio era pecado. De hecho, las palabras *sexo*, *pecado* y *matrimonio* a menudo se usaban en la misma frase. *El sexo* rápidamente se convirtió en una mala palabra. No obstante la mayoría de mis amigos en el grupo de jóvenes de la iglesia sucumbieron al mal y empezaron a acostarse por allí. A pesar de los anillos de pureza, las promesas de virginidad y las oraciones de "Jesús, perdóname" seguían teniendo sexo. En cuanto a mí, yo crecí con una gran confusión acerca de mi cuerpo, el sexo y el género opuesto.

Ya casado, se me dificultó desarrollar una relación sexual satisfactoria, saludable y piadosa con mi esposa. ¿Por qué? No se me había enseñado acerca del sexo o de la sexualidad en un contexto cristiano amoroso. No estoy solo. Ya que ni en mi iglesia ni en casa me dieron el consejo que necesitaba acerca del sexo, estoy determinado a romper ese ciclo en mi familia y espero que en la suya también. Después de años de estudiar la Biblia, de buscar consejo sabio y resolver mis propios problemas, he acumulado muchos consejos, y he compilado algunos de ellos aquí.

¿POR DÓNDE EMPEZAMOS?

En cada seminario de matrimonios en los que enseño, reservo la sesión final para una conversación honesta acerca del sexo. Al terminar la sesión, usualmente escucho preguntas como estas: "¿Cómo le hablamos a los niños de sexo?", "¿Dónde comenzamos?", "¿Qué tan lejos llegamos?". Los padres saben que la educación sexual es una parte importante de criar y preparar a nuestros hijos para los hitos de la vida, pero a muchas mamás y papás no se les dio la información apropiada a ellos mismos y probablemente no sepan por dónde empezar. Quiero animarlo a comenzar temprano, ser claro, ser honesto, estar abierto a preguntas y a nunca dejar de hablar de sexo con sus hijos.

En un intento por proteger la virginidad de los hijos, algunos padres caen en la trampa de utilizar educación sexual con base en la vergüenza. Utilizan palabras en clave, pocos detalles y timidez para abordar el tema del sexo. Este tipo de educación a menudo da como resultado una creencia de que el sexo es innombrable o incluso sucio. También lleva a relaciones sexuales inclinadas a la culpa dentro del matrimonio.

DIOS CREÓ EL SEXO

Estoy enfermo y cansado de que los padres cristianos sientan que están en el terreno de Satanás cuando hablan de sexo. Este no es su territorio; ¡es territorio de Dios! Y Dios es santo. Dios creó el sexo. Él diseñó el sexo. Quiere que usted lo disfrute. Como pastor, estoy profundamente preocupado de la vida sexual de cada miembro de nuestra iglesia. Quiero que cada miembro de la iglesia tenga sexo grandioso en el contexto que Dios lo diseñó. ¡Y quiero que cada niño sepa que lo que Dios creó en el sexo es fantástico!

Tengo tres metas para cada padre de nuestra congregación:

1. Comience a leer. Descubra las verdades acerca del sexo, la sexualidad y la intimidad sexual directo de la Escritura.
2. Empiece a hablar. La "plática sobre el sexo" que es comúnmente conocida como "las aves y las abejas" está muerta, ¡gracias a Dios! Con la internet, las redes sociales y los dispositivos móviles predicando tanto acerca del sexo que es contrario a nuestros valores, necesitamos una larga conversación que inicie en preescolar y continúe hasta el matrimonio. Nuestra cultura expone a nuestros hijos a insinuaciones e imágenes a una edad mucho más temprana de la que nos gustaría, así que necesitamos comenzar a hablar

con ellos acerca del diseño de Dios para el sexo desde temprano.
3. Detenga el silencio. Debemos reclamar el sexo como un tema a discutir por nuestras iglesias y padres, no por Hollywood o las escuelas. Sea el primero en escribir mensajes acerca del sexo y la sexualidad en el corazón de su hijo. Adelántese al mundo.

Sea el primero en escribir mensajes acerca del sexo y la sexualidad en el corazón de su hijo. Adelántese al mundo.

TENEMOS QUE SER HONESTOS Y EMPEZAR TEMPRANO

Mi esposa, Amy y yo somos los padres de Corynn. Dios nos da—pero principalmente a mi esposa, ya que es el padre del mismo género—la responsabilidad de proclamar con valentía sus verdades acerca de su cuerpo, el sexo y la sexualidad. Tomamos la decisión desde el principio de abordar los asuntos y las preguntas de frente. Guardar el corazón de nuestros hijos significa hablar con una honestidad llana y simple. Por eso es que cuando nuestros hijos nos preguntan acerca de su cuerpo o del sexo se los decimos como es. Así es cómo hacerlo a diferentes edades:

Del nacimiento a los cinco años
La mejor manera de acercarse a los niños para hablar del tema del sexo es con oración, gracia, amor y honestidad. Muy a menudo, los padres caen en el patrón poco sano

de utilizar palabras en clave, una práctica que empieza cuando los niños están chicos.

Durante preescolar, el cerebro del niño se desarrolla rápidamente. Si usted le enseña a niños tan chicos que su cuerpo es una cosa vergonzosa—y usted puede hacerlo de las maneras más sutiles—entonces ellos creerán eso en los años por venir. Por eso es que es tan importante evitar nombres en clave y ser totalmente honestos con sus hijos.

Nunca voy a olvidar la noche en que mi hijo de tres años salió de la bañera, se vio el pene y me preguntó: "¿Qué *es* esto?". Dependiendo del padre, hay más de una respuesta a esa pregunta.

Muchos padres quizá respondan: "Esa es tu colita", o algún otro nombre en clave infantil. Queriendo ser abierto y honesto, con valentía proclamé: "Ese es tu pene, Carson". Vagamente recuerdo haber usado también una voz profunda. ¿Quién se hubiera imaginado? Se convirtió en la nueva palabra favorita de Carson.

Al domingo siguiente, entre servicios en Woodland Hills, fui a nuestro departamento de niños para ver cómo estaba mi pequeño amigo. Cuando llegué a su clase, la maestra estaba muy distante. Finalmente, se animó a preguntarme: "¿Pastor, puedo hablar con usted un segundo?".

Yo le dije: "Claro. ¿Qué pasa?"

Ella me preguntó: "¿Está todo bien en casa? ¿Todo está bien?".

Le dije: "Sí, todo está excelente".

De lo que no me había dado cuenta es que Carson había estado usando su nueva palabra favorita toda la mañana. Está bien, nunca dije que sus hijos no lo van a avergonzar algunas veces, pero lo que se gana vale la pena.

Mamá y papá, sea que suceda durante una conversación honesta provocada por un comercial de Cialis o un momento de enseñanza durante el baño, podemos imprimir mensajes acerca del sexo en los corazones de nuestros hijos. Lo que aprendan de nosotros—a partir de nuestras palabras y de nuestras acciones—se precipitará profundamente en el corazón de nuestros hijos. Van a llevar con ellos esas lecciones por el resto de su vida.

De los seis a los nueve años
Enseñe acerca de la modestia y el recato, la sexualidad y los toques apropiados e inapropiados.

Carson estaba en casa de mis papás el otro día cuando una mujer bien dotada apareció en las noticias. Le dijo a mis padres que ella estaba "mostrando su línea". Él, por supuesto, estaba hablando de su escote.

Mi mamá le preguntó:
—¿Está mal mostrar esa línea?
—No tiene recato—dijo.
—¿Qué quiere decir recato?—le preguntó y esperó con entusiasta expectativa su respuesta.

Carson dijo:
—Que no se le deben apretar juntas así. Deben estar separadas entre sí.

Mis padres pasaron el resto del día con dolores de estómago de reírse tanto.

Una cosa más. Recuerde que algunas veces las lecciones se tienen que repetir o explicar múltiples veces, pero asegurarse de que sus hijos se sienten cómodos hablando con usted acerca de sexo, modestia y recato es una de las metas más importantes de una educación sexual saludable. Como estamos descubriendo, Carson se siente bastante cómodo compartiendo sus opiniones.

De los diez a los trece años. Enséñele a estos preadolescentes y adolescentes jóvenes acerca de sus deseos. Dígales lo mismo acerca de sus deseos que lo que les dijo acerca de sus cuerpos de chicos: "Dios creó tus deseos. No son sucios. Todos los tenemos. Eres normal".

La sulamita era una chica soltera que probablemente solo haya sido un poco mayor que sus hijos en este momento cuando experimentó un deseo sexual intenso por Salomón. Ella deseaba el amor del rey-pastor. Su deseo y pasión se derrama por todos lados en uno de los textos más gráficos de su Biblia:

> Ah, si me besaras con los besos de tu boca…
> ¡grato en verdad es tu amor, más que el vino!
> Grata es también, de tus perfumes, la fragancia;
> tú mismo eres bálsamo fragante.
> ¡Con razón te aman las doncellas! ¡Hazme del todo tuya! ¡Date prisa!
> ¡Llévame, oh rey, a tu alcoba! (Cantares 1:2-4)

No pierda los papeles cuando su hijo o su hija comience a desear al género opuesto. Asegúrese de hablar con ellos sobre la diferencia entre la lujuria egoísta y la atracción sexual saludable, la cual solamente debe culminar en un matrimonio amoroso. Y sea abierto acerca de sus propios sentimientos a su edad. No los encierre en su habitación ni los envíe a esconderse. Entre más se salga de sus casillas, más los empujará a guardar secretos. Es crucialmente importante mantener las líneas de comunicación abiertas en esta etapa. Esto quizá no se encuentre en su lista de responsabilidades favoritas, pero es mejor que hable más temprano que tarde de los temas de la masturbación, los sueños húmedos, las erecciones, el vello púbico, las caricias, los besos, las caricias sexuales, el sexo oral, la pornografía y el coito. Los muchachos se preguntarán acerca de estos temas y necesitan que los guíe como padre.

De los catorce en adelante
Enséñele a sus hijos a honrar el matrimonio, no solamente la pureza. Prepárelos para el matrimonio. Esta idea es ajena para la mayoría de los padres en la iglesia de hoy porque parece demasiado temprano, pero sígame un segundo en esto. Usted prepara a sus hijos para la universidad y para lo que se requiere para obtener un empleo y hacer dinero. Eso es obvio. Pero imagínese a sus hijos casados y teniendo hijos. ¿Quiere ver a sus nietos durante las fiestas? Entonces prepare a sus hijos para un gran matrimonio.

El matrimonio y el sexo—en ese orden—son regalos maravillosos del Señor. Nuestros hijos deberían estar preparados para ambos. Y como su silencio podría llevar a vergüenza, culpa, paranoia, perversión o sexo antes del matrimonio: hable. Honrar el matrimonio y hablar con franqueza acerca del sexo llevará a conversaciones saludables y a familias más fuertes.

Ted Cunningham *es el pastor fundador de la iglesia Woodland Hills Family Church en Branson, Misuri. Es el autor de* Young and in Love: Challenging de Unnecessary Delay of Marriage *[Joven y enamorado: Desafíe la innecesaria espera para el matrimonio] y es coautor de cuatro libros con el Dr. Gary Smalley. Ted habla cada mes con Gary Smalley en sus conferencias nacionales sobre el matrimonio* Love and Laughter. *Ted y su esposa, Amy, viven en Branson con sus hijos, Corynn y Carson.*

7

Prepare a su hijo para tener éxito

Amy y Michael Smalley

¿Ha atrapado su hijo diciendo una mentira completamente ridícula? ¿Lo ha atrapado con las manos en el tarro de las galletas, pero él lo voltea a ver y le dice: "¿Qué? No, no me estoy robando las galletas del tarro". Nuestro hijo Cole solamente tenía seis años cuando lo atrapamos en una mentira descarada, y estábamos sorprendidos por lo asombrosamente confiado que podía sonar diciendo su mentira. Esa experiencia nos enseñó una lección poderosa, y creo que también le va a ayudar a usted.

Yo (Amy) le había comprado a Cole una camisa durante uno de nuestros seminarios en una ciudad en alguna parte de EE. UU. (viajamos tanto que es difícil de recordar dónde fue). No era necesariamente una camisa cara, pero me había tomado el tiempo de buscársela y de escoger la que pensé que le gustaría. Después de llevarla a la escuela, Cole llegó a casa con una camisa dramáticamente cambiada. Colgando del pequeño cuerpo de seis años de mi hijo estaba el remanente de lo que había sido hasta recientemente una camisa nueva. Claramente había tomado unas tijeras y le había hecho cientos de cortes verticales a lo largo del ahora-destruido borde de su camisa. Si tuviera que adivinar, creo que estaba buscando su propia versión de "ligeramente desgastada" o "estilo de flecos".

Mientras se acercaba al pie de las escaleras, quedé horrorizada al ver su camisa. Reaccione instantáneamente y le pregunté por qué había destruido su camisa nueva. Sin dudarlo, me volteó a ver y me dijo: "No lo hice a propósito. Fue un accidente".

¿Un accidente? ¡Por supuesto! "¡Cole!", le dije con severidad, y pude ver de inmediato esa mirada vidriada en su rostro; una mirada con la que seguro usted está familiarizado: la que ve cuando su hijo entra en modo de protección. Fue como si Cole acabara de entrar a un refugio atómico hecho por él mismo. En lo único que pude pensar fue en llamar a Michael. Necesitaba que verificara que yo no estaba loca y que la camisa de Cole acababa de ser destruida, no por accidente, sino por sus propias manos.

Yo (Michael) de hecho había estado en la cocina todo el tiempo, viendo a Amy y a Cole interactuando sobre si la camisa había sido destruida accidentalmente o a propósito. (¡De hecho fue bastante divertido verlos!) Amy parecía tan resuelta a hacer que Cole admitiera que había cortado la camisa él mismo y a propósito. Es muy normal entrar en este tipo de discusiones que no llevan a nada con sus hijos, especialmente cuando no se están comportando bien.

Salí de la cocina y fui a las escaleras donde Amy y Cole estaban. Lo primero que salió de mi boca fue—con un tono de voz agitado—algo como: "Vamos, Cole, todos sabemos que tú hiciste esto, simplemente reconócelo o te arrepentirás" (siempre es una idea excelente intimidar a su hijo con una amenaza general y nada específica).

En este punto las cosas definitivamente se empezaron a poner acaloradas entre los tres. Cole respondió a mi amenaza vacía con: "¡Papaaaaaaaaaá, te lo prometo! ¡Fue un accidente! Me caí por la ladera de la colina allá afuera".

No lo pude resistir más. Oficialmente exploté y le respondí gritando: "¿Estas bromeando? ¿Estás tratando de convencerme de que te caíste por la ladera de la colina y tu camisa terminó con cientos de flecos perfectamente cortados por accidente? ¡Veta a tu habitación, ahora!". De seguro también añadí: "¡Y te vas a quedar en tu habitación de por vida hasta que nos digas la verdad!". Verdaderamente no lo recuerdo, pero como cualquier otro padre, soy capaz de decir las cosas más ridículas cuando pierdo los estribos.

Gracias a Dios, ninguno de nosotros seguimos a Cole a su habitación de inmediato. Los dos nos pusimos a hacer otras cosas para calmarnos, y fue cuando el Espíritu Santo nos convenció a ambos de cómo habíamos contribuido con el problema. ¿Estaba bien que Cole hubiera mentido acerca de su camisa? Por supuesto que no, pero el Espíritu Santo tiende a enfocarnos en nuestro papel en la situación y típicamente no se involucra en el juego de asignar culpas. El Espíritu Santo sabe que la mejor oportunidad que tiene nuestra familia para resolver un conflicto es asegurarse de que cada uno de nosotros entiende cómo contribuimos a generarlo.

Como probablemente ya se dio cuenta, nosotros como padres de Cole no respondimos bien a su mentira descarada. Sin importar lo que hagan nuestros hijos, particularmente cuando están haciendo algo pecaminoso, necesitamos mantener el control. No ayudamos a la situación actuando en la misma forma poco saludable que nuestros hijos. Pero la lección principal que aprendimos del Espíritu Santo—la lección que se ha quedado con nosotros desde entonces— es que nosotros generalmente estábamos enfureciéndonos con Cole cuando hacía algo mal.

> *Sin importar lo que hagan nuestros hijos, particularmente cuando estén haciendo algo pecaminoso, necesitamos mantener el control.*

Cole es el que más trata de evitar conflictos en nuestra familia. Odia el conflicto, y lo que aprendimos ese día fue que Cole, con el fin de evitar el conflicto, a menudo miente, para que nadie le grite. Nuestros ojos y nuestro espíritu se abrió a darnos cuenta de cómo nuestros gritos de hecho alentaban a Cole a mentir. Lo estábamos preparando para el fracaso, en lugar de ayudarlo a tener éxito siendo un hijo honesto.

Entendemos por completo que las mentiras eran responsabilidad de Cole, pero como sus padres, nuestra responsabilidad era prepararlo para que pudiera tomar una buena decisión. Queremos ser asistentes útiles para Cole, no obstáculos. No obstante, cuando gritamos en respuesta a su comportamiento, hacemos que sea más difícil para él que haga lo correcto.

PEDIR PERDÓN

Después de que ambos nos dimos cuenta del error en nuestras maneras, subimos a hablar con Cole. Estaba nervioso cuando recién entramos a su habitación. (Probablemente seguía tratando de entender que quería decir "castigado de por vida"). Nos sentamos en su cama y le hicimos una pregunta sumamente importante: "¿Cole, has estado sintiendo como que te gritamos mucho cuando haces algo mal?". Su reacción fue invaluable. Volteó a ver el piso, lejos de nuestros ojos, y empezó a llorar. Luego dijo: "Sí. No me gusta que me griten". Podíamos darnos cuenta por su espíritu que no estaba tratando de zafarse de los problemas. Las lágrimas eran más por cómo se sentía cuando le gritábamos que por estar en problemas.

Los dos nos arrodillamos, al nivel de Cole y le dijimos que Dios nos había ayudado a entender que le habíamos estado gritando mucho. Le pedimos justo en ese momento que nos perdonara, lo cual, por supuesto, hizo con los brazos abiertos.

¿Significaba esto que Cole ya no estaba en problemas por mentir? No. Él seguía estando en problemas, y tenía que haber una consecuencia por su mentira, sin importar lo que habíamos aprendido o lo mal que hubiéramos respondido. Pudimos darle a Cole una consecuencia saludable, distinta a quedar castigado de por vida, y pudimos hacerlo de la manera correcta: sin gritar. El castigo de Cole fue sencillo y lógico: hacer tareas adicionales para pagar por la camisa.

CABEZAS MÁS CALMADAS

Nosotros como padres necesitamos comprender que desempeñamos la función de modelar el tipo de conducta que queremos ver en nuestros hijos. También debemos darnos cuenta de la importancia de preparar a nuestros hijos para que tengan éxito en la vida y en sus relaciones. Y necesitamos estar abiertos a la sabiduría del Espíritu Santo con respecto a la manera en que nuestro comportamiento—sea gritar u otra reacción exagerada—esté preparando a nuestros hijos para fracasar. Cuando prevalecen las cabezas calmadas de los adultos, nuestros hijos solamente se beneficiarán.

Si usted tiene un hijo que tiene dificultades para decir la verdad, hágase esta pregunta: "¿Qué es lo que estoy haciendo, si es que hay algo, que lo prepara para mentir?". Y siempre pregúntese: "¿Mi reacción hacia mi hijo es exagerada?". Cuando podemos poner la situación en perspectiva en el momento, obtenemos credibilidad: nuestros hijos comienzan a creer que no vamos a explotar cada vez que ellos hacen algo mal.

— ❦ —

¿Es mi reacción a mi hijo exagerada?

Cuál sea el problema de crianza en ese momento, confíe en que el Espíritu Santo lo va a guiar y a darle las palabras correctas. A medida que criamos a Cole, nuestro mensaje necesita ser: "Creemos que puedes decir la verdad y hacer lo correcto. No nos estamos rindiendo contigo. Tu castigo será conforme a la falta, y sabemos que lo harás mejor la próxima vez". Cuando explote, vaya con su hijo y pídale perdón. No hay nada más poderoso que un niño vea que sus padres se humillan y piden perdón.

Claramente, ayudar a Cole a entender la importancia de decir la verdad nos dio la oportunidad de aprender algunas lecciones importantes acerca de la crianza de los hijos. Aprendimos a pedirle al Espíritu Santo que nos ayude a ver cómo estamos alentando el mal comportamiento y a que nos ayude a mantenernos calmados en el momento. También recordamos la importancia de humillarnos y pedir perdón cuando no mantengamos la calma. Los niños aprenden lo que viven; que Dios nos capacite como padres para modelar la manera de vivir amable que Él quiere que nuestros hijos aprendan y prepararlos para que tengan éxito.

Michael y Amy Smalley son cofundadores del Smalley Center, y se especializan en enseñarle a las parejas los principios de amar bien y de amar para toda la vida. Ambos tienen una maestría en psicología clínica de la universidad Wheaton College en Chicago. Amy y Michael han sido coautores de libros de mayor venta como More Than a Match *[Más que una pareja] y* The Surprising Way to a Stronger Marriage *[El sorprendente camino a un matrimonio más fuerte]. Tienen tres hijos y han estado casados dieciséis años. Los Smalley viven en el área de Houston.*

8

Las alegrías de cavar zanjas

Fern Nichols

Al recordar los muchos años en que he sido mamá, este es el mejor consejo que he recibido: cualquier cosa de importancia espiritual que suceda en la vida de mis hijos será gracias a Dios. Él es el único que puede establecer valores espirituales y eternos en ellos. Pero hay una colaboración: Él ha escogido involucrarme como su colaboradora. Me hizo sentir humilde considerar que Dios no necesita mi ayuda, pero que en su plan soberano me invitó a tomar un papel activo.

Cuando mis cuatro hijos eran jóvenes, leí un libro de Jean Fleming llamado *A Mother's Heart* [El corazón de una madre]. El capítulo cinco del libro, llamado "God's Part, My Part" [La parte de Dios, mi parte], se enfoca en dos versículos de Salmos 127: "Si el Señor no edifica la casa, en vano se esfuerzan los albañiles. Si el Señor no cuida la ciudad, en vano hacen guardia los vigilantes" (vv. 1-2). Escuche las sabias palabras de Fleming:

Saber que Dios debe obrar no minimiza nuestras responsabilidades. En Salmos 127:1, Salomón no sugiere que el albañil descuide el proceso de construcción o que los vigilantes abandonen su puesto; sino solamente que sus esfuerzos *por sí solos* no son suficientes. El asunto es la fe, no la deserción o el descuido [...] La madre reconoce que solamente Dios puede hacer que algo verdaderamente significativo suceda en la vida de su hijo.¹ [Énfasis añadido].

UN SENTIDO DE RESPONSABILIDAD

Como la mayoría de las mamás, tuve un gran sentir de responsabilidad la primera vez que cargué a cada uno de mis recién nacidos. Quería que cada uno de ellos amaran al Señor con todo su corazón, alma y mente. Quería que todos se convirtieran en adultos responsables, temerosos de Dios, y tomé esa asignación divina bastante en serio. Y el contenido del capítulo 5 del libro de Jean Fleming me ayudó a obtener una perspectiva apropiada de cual tenía que ser mi parte exactamente.

Básicamente, Jean comparó la maternidad a cavar zanjas. Para explicar la metáfora, relató la historia verdadera de tres reinos unidos para pelear contra un enemigo común, y que se encontraron en problemas (2 Reyes 3). Al perseguir al enemigo atravesando el desierto, el ejército se quedó sin agua. El profeta Eliseo fue convocado para preguntarle a Dios qué habrían de hacer los reinos, y el profeta dijo que la instrucción del Señor era "caven zanjas".

¿Cavar zanjas? ¿Qué? ¡Puede escuchar a los soldados quejándose: *Somos guerreros, no cavadores de zanjas!*

Este era un trabajo poco glamoroso, sudoroso, extenuante e ingrato.

—Así dice el Señor: "Abran zanjas por todo este valle, pues aunque no vean viento ni lluvia [...] este valle se llenará de agua, de modo que podrán beber ustedes y todos sus animales. Esto es poca cosa para el Señor, que además entregará a Moab en manos de ustedes" (vv. 16-18).

Así que los soldados cavaron... y a la mañana siguiente fueron testigos de un milagro. Las zanjas de ese valle seco ahora estaban llenas de agua.

UN CAMBIO DE ACTITUD

El trabajo de una mamá se parece mucho a cavar zanjas: poco glamoroso, mundano y monótono. Lavamos y doblamos ropa, limpiamos narices, vamos al doctor, hacemos la compra, cocinamos, fregamos retretes, limpiamos derrames, ayudamos con los deberes escolares, llevamos a las lecciones de piano y actividades deportivas, y mucho más. A medida que leía acerca de mi papel en el libro de Fleming, su mensaje afectó profundamente la manera en que comencé a ver mis deberes cotidianos de cavado de zanjas. Vi que la manera en que manejara las cosas mundanas que hacía todos los días podría servir como una oportunidad para que Dios hiciera un milagro en la vida de cada persona de mi familia. Después de todo, Jesús usaba el plano natural como su plataforma para demostrar lo sobrenatural, y Dios quiere que yo haga lo mismo. Dios quiere que haga de mi vida una plataforma en la que Él se pueda revelar a los demás ¡Ya no más yo, sino Cristo, para que Él manifieste su vida a través de mí, usando mi hogar como vitrina para señalarle a mis seres queridos y a otros a Jesús!

¡Qué tremendo, esta nueva perspectiva era transformadora! Yo ya no veía mi vida cotidiana como una serie de quehaceres, deberes y trabajos monótonos, sino como oportunidades para reflejar a Jesús. Ahora vi que mi llamado como madre no estaba evitando que hiciera algo para Jesús, sino de hecho estaba permitiendo que Jesús hiciera algo a través de mí: podría usarme para reflejar su luz y su amor a medida que sirvo y ministro vida a mi familia, ¡todos los días! Lucas 16:10 dice: "El que es fiel en lo muy poco, es fiel también en lo mucho" (NBLH). Al ser fiel en los deberes mundanos de la vida diaria, tenía la hermosa oportunidad de ser un reflejo de Jesús a mi familia.

Al ser fiel en los deberes mundanos maternos de la vida diaria, tenía la hermosa oportunidad de ser un reflejo de Jesús a mi familia.

¿De qué manera impactó esta revelación mi ministración diaria a mi familia? Mi actitud cambió, y también la manera en que llevaba a cabo mis responsabilidades como mamá cambió. Muchas veces oraba declarando la Escritura en una situación. Por ejemplo, cuando hacía sándwiches, oraba declarando Mateo 4:4, poniendo el nombre de mi hijo en el versículo: "Padre, te pido que no sólo de pan viva *Travis* sino de toda palabra que sale de tu boca". Al hacer cada almuerzo, oraba por el niño cuya fiambrera estaba llenando en ese momento. El trabajo ya no era monótono. Más bien era un tiempo delicioso para entregarle al Señor mis preocupaciones por mis hijos. Era un tiempo para dejar delante del Señor mis cargas por cada hijo (años después mis hijos me dijeron que sus amigos pensaban que sus almuerzos eran tan maravillosos que a menudo se los querían comprar. Hmmm, ¡de seguro fueron todas esas oraciones!).

Cuando se trataba de lavar entre tres y cinco cargas de ropa al día, tenía que decidir no permitir que lo pesado y aburrido del trabajo afectara mi actitud. Así que comencé a agradecerle al Señor de que yo era físicamente capaz de hacer la colada. Pensaba en una Escritura para orar al lavar y doblar la ropa. Una que escogía con frecuencia era Colosenses 3:12: "Misericordioso Señor, te pido por *Trisha* que la vistas de 'afecto entrañable y de bondad, humildad, amabilidad y paciencia'".

Un día mi esposo, Rle, me sorprendió con esta nota de reconocimiento: "Gracias por tu cuidado amoroso que se muestra tan fielmente a través de las interminables lavadas y planchadas. [Así es, ¡también planchaba en ese entonces!] Cada uno de nosotros, especialmente nuestros hijos, siempre enfrentan el día sabiendo que son profundamente amados por tu constancia en estas áreas". Ahora bien, no deje que esta nota lo haga pensar que yo era perfecta. En ocasiones definitivamente no reflejaba la imagen de Cristo en mi función como madre y entonces necesitaba pedirles perdón a mis hijos, así como confesar y arrepentirme delante del Señor.

ESTABLEZCA PRIORIDADES

Con el fin de ver mi papel como Dios lo veía, me hice el propósito de convertirlo a Él en mi prioridad número uno. Sabía que yo necesitaba constantemente mantener delante de mí su gran ejemplo de cómo Él servía a otros. Eso solamente sucedió cuando intencionalmente aparté tiempo para leer la Palabra y orar. Nosotros como seres humanos nos volvemos como la persona—o la Persona—con la que pasamos más tiempo.

Mi familia era mi prioridad número dos, pero muchas veces otras cosas "importantes" se infiltraban en esa posición. Aunque servía como presidenta de un ministerio internacional, yo estaba determinada a mantener a mis hijos y a mi esposo como una prioridad sobre Moms in Prayer (a principios de 2012 Moms in Touch International o MITI cambió su nombre). Cuando todos los niños llegaban a casa de la escuela, yo cambiaba de sombrero y era mamá por completo. No respondía más llamadas telefónicas ni hacía trabajo del ministerio. Mi enfoque cambiaba hacia ellos.

¡Qué privilegio colaborar con Dios en tocar la vida de mis hijos! Cuán maravilloso que por su decisión soberana me invitara a participar en su obra en sus vidas. Jean lo resumió bastante bien:

> Como madres no podemos hacer nada para persuadir o convencer a nuestros hijos de que amen a Dios. Podemos cavar las zanjas, pero no las podemos llenar. Les podemos enseñar a nuestros hijos acerca de Dios, orar por ellos para que vivan una vida cristiana y exponerlos a otros que aman y sirven a Dios. Pero solamente Dios puede darles vida espiritual.[2]

EL PRIVILEGIO DE ORAR

Y por eso es que oro. La oración es verdaderamente la mayor obra que puedo hacer a favor de mis hijos. Cuando oro Dios escucha y responde. La oración libera su diestra de poder para hacer milagros en sus vidas. Cuando elevo oraciones dirigidas por el Espíritu Santo según su Palabra, ese tiempo con el Señor trae paz a mi alma y cambia mis temores en fe.

Cuando elevo oraciones dirigidas por el Espíritu Santo según su Palabra, ese tiempo con el Señor trae paz a mi alma y cambia mis temores en fe.

Hubo un tiempo en el que mi hijo adolescente estuvo saliendo con personas que no amaban a Dios y estaba tomando malas decisiones. Busqué en la Palabra de Dios y oré 1 Corintios 15:33-34: *Padre celestial, te pido que mi hijo no se deje engañar: "Las malas compañías corrompen las buenas costumbres". Que pueda "volver a su sano juicio…" y deje "de pecar".* La lucha duró unos años, pero sucedió un momento divino cuando volvió a Dios. Ahora está casado con una mujer que ama a Jesús con todo su corazón, y están criando a su hijo para que sea un amante de Jesús.

Siempre hay esperanza para nuestros hijos cuando nuestra esperanza está en el Señor. Por eso es que el mejor consejo que puedo compartir con usted como padre es depender completamente de Dios a medida que "cava las zanjas" del servicio, de capacitar a sus hijos en el camino de Dios y de la oración. Encuentro bastante reconfortante como mamá—y ahora como abuela—saber que mi cavado de zanjas es un importante trabajo, una obra eterna. Qué agradecida estoy que puedo contar por completo con que mi Dios llenara las zanjas con agua viva. Y Él hará lo mismo por usted.

Fern Nichols es fundadora y presidenta de Moms in Prayer International (anteriormente Moms in Touch). Casada desde 1967, *Fern y su esposo, Rle, tienen cuatro hijos: Tyrone, Troy, Travis y Trisha; tres amadas nueras: Patti, Bonnie y Tara; un amado yerno: Chris; y ocho nietos. Además de compilar* Cuando las madres oran juntas: Verdaderas historias del poder de Dios para transformar sus hijos, *Fern ha escrito* Prayers from a Mom's Heart [Oraciones del corazón de una mamá] *y* Todo niño necesita una mamá que ora, *y fue ganadora del premio Silver Medallion 2003.*

9

La felicidad que el dinero no puede comprar

Randy Alcorn

A lo largo de los años mi esposa, Nanci, y yo hemos recibido buenos consejos para la crianza de los hijos de parte de muchas personas. Pero aquí quiero compartir lo que nos enseñó nuestro Consejero omnisciente llamado Dios. Las lecciones vinieron al ir guiando a nuestra familia por un camino que jamás hubiéramos escogido sin su dirección. El resumen de lo que nos enseñó es este: Nanci y yo sabíamos que no era bueno sacrificar a nuestros hijos *por* el Reino de Dios, pero aprendimos que era bueno hacer sacrificios para su Reino *con* nuestros hijos. Pudimos caminar por ese camino solamente por la gracia de Dios y una lección que Él ya nos había dado: todo—incluyendo nuestros hijos—le pertenece a Dios.

DESDE ADENTRO DE LO QUE DIOS ESTÁ HACIENDO

En 1977, dos años antes de que naciera nuestra primera hija, me convertí en el pastor de una nueva iglesia. También servía en la junta del primer centro de crisis por el embarazo en el Noroeste, y Nanci y yo abrimos nuestro hogar a una adolescente embaraza, la ayudamos a dar su bebé en adopción y la vimos venir a la fe en Cristo. Para 1989, estaba ganando bien como pastor y obteniendo regalías de mis escritos.

Entonces sucedió algo que puso de cabeza nuestra vida.

Debido a mi preocupación por los niños no nacidos, comencé a participar en rescates pacíficos y no violentos en clínicas de aborto. Fui arrestado varias veces y fui a la cárcel. Cierta vez, una clínica de aborto ganó un juicio en la corte en mi contra y en contra de otras veinte personas. Le dije al juez que pagaría cualquier deuda que tuviera, pero que no le podía dar dinero a la gente que lo usaría para matar bebés. Cuando descubrí que mi iglesia recibiría una orden de embargo salarial, exigiendo la entrega de un cuarto de mi salario mensual para la clínica de aborto, renuncié.

La única manera de mantener mis ingresos lejos de la clínica de aborto era no ganar más que el salario mínimo. Yo ya me había desprendido de todas las regalías por mis libros; nuestra familia vivía solamente con una porción de mi salario; y al haber hecho el pago final por nuestra casa, estábamos libres de deudas.

El consejo que percibí de parte de Dios fue este: Nanci y yo necesitábamos que las oraciones y los corazones de nuestras hijas estuvieran con nosotros. En ese tiempo Karina y Angela tenían 11 y 9 años, y necesitaban estar dentro y no fuera de lo que Dios estaba haciendo. Nanci y yo decidimos hablar abiertamente con nuestras hijas acerca de lo que estaba sucediendo para que pudieran orar y aprendieran a confiar en Dios a la par nuestro.

Algunas veces llevábamos a las niñas a las clínicas de aborto para que pudieran orar con nosotros por las madres quienes, engañadas y desconsoladas, venían a matar a sus hijos. Para Karina y Angela estaba claro: Jesús ama a los niños, y si uno los ama, debe defenderlos. También les enseñamos a nuestras hijas que Jesús ama a las madres y que los cristianos deberían ser los primeros en ofrecerles toda forma posible de ayuda.

Manteníamos informadas a Karina y a Angela de lo que estábamos haciendo y también participaban. Sabían que su madre iba a la clínica de aborto para hablar con las mujeres cada semana, compartirles el evangelio y ofrecerles alternativas al aborto.

DECIDIMOS QUEDARNOS DENTRO DE LA OLLA DE PRESIÓN

En 1991, nueve meses después de que renuncié a la iglesia, estábamos listos para otro juicio importante en la corte. Parecía casi seguro que perderíamos este caso, que perderíamos nuestra casa y la capacidad de enviar a nuestras hijas a la escuela cristiana que les encantaba.

Doce horas antes del juicio, nuestro abogado llamó. "Randy, acabo de recibir un fax de la clínica de aborto. Quieren quitarte de la demanda".

Sorprendido, sentí un alivio inmediato. La casa ya no estaría en peligro. Las niñas seguirían en la escuela. Seríamos salvados de la carga, la tensión y el brillo de los reflectores de los medios. Pero estaba confundido.

—¿Por qué quieren quitarme?—pregunté.

—Fuiste pastor, y eres autor. Has recibido mucha exposición en la prensa y has estado explicando por qué defiendes a los niños no nacidos. Probablemente piensan que si te quitan del caso, no vas a tener una plataforma desde la cual apelar al jurado o al público.

—¿Tengo alternativa?—pregunté.

—Si te hubieran removido hace unos días, no. Pero como el caso va a ir a juicio en menos de veinticuatro horas, la ley requiere que estemos de acuerdo. ¡Obviamente deberías de estarlo!

Le dije que lo llamaría de vuelta, luego me senté con mi esposa y mis hijas. Les expliqué lo que me había dicho el abogado y les pregunté: "¿Ustedes que creen que debemos hacer?".

Karina, nuestra hija de once años respondió: "Papi, si la gente de la clínica de aborto piensa que estarían mejor sin ti, creo que Dios te quiere allí". Angela, nuestra hija de nueve años, asintió con la cabeza para expresar que estaba de acuerdo.

Les recordé la pérdida potencial de nuestra casa y de su escuela. "Probablemente afecte nuestro estilo de vida y nuestra capacidad de tomar vacaciones familiares". Ellas entendieron perfectamente. A pesar de lo mucho que Nanci y yo queríamos salirnos de la olla de presión, estuvimos completamente de acuerdo con nuestras hijas. Oramos y sentimos la dirección clara de Dios.

Llamé de vuelta a nuestro abogado y lo dejé perplejo: "Hemos decidido quedarnos en la demanda".

Lo que sucedió fue todo un mes en la corte, todo un mes de acusaciones falsas. Nos dimos cuenta de algo que el jurado no: la gente que mata niños para vivir no dudará en mentir bajo juramento. Aparecíamos como los malos;

los dueños de la clínica y los médicos, que se estaban haciendo ricos matando niños, fueron vistos como héroes, como defensores desinteresados de las mujeres.

Aunque el juez fue abiertamente hostil hacia nosotros, sucedieron varias cosas sorprendentes en la clínica de aborto mientras que se estaba llevando a cabo el juicio. Tres empleados renunciaron. Uno le explicó a un manifestante de provida afuera de la clínica: "Es como si de pronto hubiera despertado y me hubiera dado cuenta de que estamos matando bebés aquí". Cuando escuchábamos informes como esos, siempre los compartíamos con nuestras hijas. Esto no era solamente asunto de papá o de mamá. Estábamos todos juntos en ello.

Cuando el juez le dio sus instrucciones finales al jurado les dijo: "Ustedes *deben* encontrar culpables a estas personas y castigarlas lo suficiente para asegurar que no vuelvan a hacer esto nuevamente". Por nuestras acciones completamente no violentas, el jurado le otorgó a la clínica $8.2 millones de dólares.

MÁS IMPORTANTE QUE EL DINERO Y LAS COSAS

Según todas las apariencias nuestras vidas habían tomado un giro devastador. Aunque otros pensaron hacernos mal, Dios lo transformó en bien (Génesis 50:20). Iniciamos Eternal Perspective Ministries. Nanci trabajaba por el salario de una secretaria, complementando mi salario mínimo. Todos nuestros activos, incluyendo la casa, estaban solamente a su nombre. Yo tenía acceso a ellos, pero legalmente no poseía nada. Irónicamente, yo había escrito bastante acerca de que Dios posee todo en *Money, Possessions, and Eternity* [Dinero, posesiones y eternidad], y ahora, a un año de su publicación ¡ya no era dueño de nada! En el crisol de la adversidad, Dios me estaba enseñando las implicaciones de la verdad acerca de la que había escrito.

Le recordamos a nuestras hijas que Dios era dueño de todo. ¿Así que por qué preocuparnos de si conservaríamos la casa? ¡De todos modos le pertenecía a Dios! Él podía fácilmente proveernos otro lugar para vivir, y así fue. La clínica nunca obtuvo nuestra casa, y un donador anónimo pagó las cuotas escolares de nuestras hijas. Pero aunque lo hubiéramos perdido todo, Dios hubiera sido fiel. Simplemente nos hubiera guiado—fielmente—por otro camino distinto.

No me mal entienda. No fuimos mártires o héroes. Aunque nuestros sacrificios son pequeños en comparación con los sacrificios de incontables otros, Dios se mostró fiel, y nuestras hijas lo vieron. Karina y Angela fueron testigos de la realidad de la guerra espiritual, la batalla por los derechos civiles de preciosos seres humanos, así como de la fidelidad de nuestro generoso Dios. Las niñas, y no solamente sus padres, habían estado dispuestas a sacrificarse con el fin de agradar a Jesús, nuestra audiencia de Uno. Después de todo, la opinión del Señor es la única que finalmente importa.

Al hacer de Eternal Perspective Ministries propietario de los libros que escribí nuestra familia no recibía regalías, pero de pronto mis libros estaban en las listas de los más vendidos. Les dije a las niñas que pensaba que Dios estaba vendiendo los libros no solamente para cambiar vidas, sino también para recaudar fondos para ministerios cercanos a su corazón. Y eso les hizo sentido perfectamente a ellas. Desde que iniciamos EPM—y por gracia de Dios—hemos dado $6 millones de dólares a las misiones, el alivio del hambre, la traducción de la Biblia y ministerios provida.

Años después, cuando estaba montando en bicicleta con Angela, nos detuvimos a admirar una casa nueva, grande y hermosa que estaba a la venta. Le dije: "Sabes qué, si nos hubiéramos quedado con un año de regalías, hubiéramos podido pagar esa casa en efectivo. ¿Te hubiera gustado que hiciéramos eso?". Sabiendo que apoyamos a tantos ministerios y que alimentamos a mucha gente con esas regalías, se rió y dijo: "Papá, ¡solo es una casa!".

Me vinieron lágrimas a los ojos. Le agradecí a Dios por lo que nos había enseñado, no solamente a Nanci y a mí, sino a nuestras hijas. Desde una corta edad, nuestras hijas entendieron algo que muchos adultos no: que hay cosas en la vida que son mucho más importantes que el dinero y las posesiones.

Desde una corta edad, nuestras hijas entendieron algo que muchos adultos no: que hay cosas en la vida que son mucho más importantes que el dinero y las posesiones.

INVITE A LOS NIÑOS A EJERCER SU FE

Nanci, las niñas y yo jamás pensamos: *Es un gran sacrificio dar ese dinero*. Al contrario, hemos sentido gozo, y hemos experimentado la verdad de las palabras de Jesús: "Hay más dicha en dar que en recibir" (Hechos 20:35).

Nanci y yo jamás sacrificamos a nuestras hijas *por* la obra del Reino de Dios. Más bien las invitamos a ejercitar su fe en Cristo y a sacrificarse con nosotros; y nunca nos percatamos de la inspiración que serían ellas para nosotros. Nuestras hijas querían que fuéramos una familia que hablara por los que no pueden hablar por sí mismos y que defendiera los derechos del pobre y el necesitado (Proverbios 31:8-9). Vimos esto evidenciado de incontables maneras, incluyendo cuando, estando en la escuela de enseñanza media superior, nuestra hija Karina fue y se paró en frente de una clínica de aborto para darle a una amiga la última oportunidad de cambiar de opinión y dejar que su bebé viviera.

La manera en que su familia escoja ayudar a los pobres será distinta de la manera en que la familia Alcorn lo ha hecho. Después de todo, familias diferentes enfrentan circunstancias distintas. Pero cada padre cristiano le puede pedir a Dios que guíe sus esfuerzos de alcance a los necesitados, puede hablar por los derechos de otros y puede incluir a sus hijos al hacer sacrificios personales por la causa de Cristo. Quizá Dios llame a su familia a bajar su estándar de vida y a elevar su estándar de generosidad. Quizá lo guíe a abrir su casa o a ir al extranjero para ayudar a los necesitados y compartir el evangelio.

De esto estoy seguro: La decisión de nuestras hijas con respecto a esa demanda consolidó su lealtad a Jesús. Nuestras hijas se unieron a nosotros en hacer sacrificios a medida que seguimos a Cristo y ahora, veinte años después, mis hijas están casadas con hombres de Dios, criando a nuestros cinco nietos para seguir a Cristo y consistentemente amando a Dios y a su prójimo. Por la gracia de Dios, Karina y Angela y sus maridos están transmitiéndoles a sus hijos un gozo centrado en Cristo, con una mentalidad de eternidad que el dinero no puede comprar y que la adversidad no les puede quitar.

Randy Alcorn es un autor de mayor venta de más de cuarenta libros. También es fundador de Eternal Perspective Ministries (EPM), un ministerio sin fines de lucro dedicado a enseñar los principios de la Palabra de Dios y a asistir a la iglesia para ministrar a los no alcanzados, a los hambrientos, los analfabetos, los irreconciliados y los que no tienen apoyo alrededor del mundo. Él y su esposa, Nanci, viven e Gresham, Oregon, y tienen dos hijas casadas y cinco nietos.

10

Crianza de los hijos al estilo jardinero

Phil y Heather Joel

Recuerdo el momento en que Heather y yo descubrimos que íbamos a tener un niño. Veíamos la pantalla de la computadora de la sala de ultrasonido con emoción nerviosa a medida que esperábamos que las noticias fueran reveladas. Ya teníamos una pequeña niña que era un gozo en todos sentidos, y aunque sabíamos que seríamos completamente felices de cualquier forma, secretamente esperábamos un varón.

Mi mente se aceleró mientras imaginaba todas las cosas que podríamos hacer juntos cuando fuera más grande: fútbol, rugby, acampar, pescar y, por supuesto, música. Sí, el sería mi propio baterista, y podríamos salir de gira juntos, solo él y yo. ¡Un sueño hecho realidad!

Nuestros pensamientos fueron interrumpidos por la técnica radióloga. "Bueno, prepárense. La tenían fácil con su pequeña niña, ¡pero aquí viene uno tremendo!"

¿*Tremendo?* pensé. Fue un momento extraño. *¿Había escuchado bien a la enfermera, ¿o no?* "¿Quiere decir que vamos a tener un niño?", pregunté. Emocionado, me sacudí sus palabras de fatalidad y recibí las noticias maravillosas. ¡Heather y yo estábamos eufóricos!

A lo largo de los varios meses siguientes a medida que preparábamos nuestros corazones y nuestro hogar para recibir al nuevo miembro de la familia, frecuentemente escuchábamos comentarios como: "No hombre, ¡prepárate! Tu vida va a cambiar ¡*bastante*!", o: "¿Tienen uno de esos en camino?—*señalando a su propio hijo*—. Ni siquiera van a saber qué los golpeó", o: "Y ustedes que pensaban que ya la habían hecho con una dulce pequeñita. ¡Solo esperen! Están a punto de que las cosas se aceleren".

Comentarios como estos aunados a los clásicos como: "Ya sabes como son los chicos", y: "Va a ser *todo un muchacho*", rondaban nuestros pensamientos como un torbellino. ¿Había un club secreto para el que la gente nos estaba tratando de preparar sin decírnoslo directamente? ¿Nuestra vida de veras iba a cambiar tanto? ¿Eran todos los niños iguales? ¿Iba Dios a engañarnos entregándonos una criatura desastrosa, ruda, golpeadora, respondona, traviesa y desobediente que no se pudiera quedar quieta para que Él se pudiera sentar con los brazos cruzados a reírse de nosotros mientras nos veía correr de un lado a otro para dilucidar qué hacer? ¿Estábamos perdidos?

Bueno, llegó el gran día y le dimos la bienvenida a nuestro hermoso pequeño al mundo. Era asombroso. Nuestros corazones estaban llenos, y todo parecía estar bien con el mundo. *Hasta ahora, todo bien*, pensamos. *Le gusta comer, duerme toda la noche, se ríe, sonríe y le encanta que lo carguemos.*

UN NUEVO CAMINO

Bueno, cabe decir que los desafíos de los que nos habían advertido comenzaron a llegar alrededor de un año y medio después. Comenzamos un nuevo capítulo en la crianza de los hijos: Bienvenido a los dos años. ¿Desafiante? Sí. ¿Confuso a veces? Definitivamente. ¿Agotador? Absolutamente.

Sin embargo, en medio de todo ello, nos ocurrió algo que nos puso en un camino totalmente nuevo. El Señor utilizó un sencillo recuerdo de la infancia para redirigir nuestros pensamientos y ponernos en línea con los suyos. La madre de Heather es una jardinera sorprendente. A lo largo de la infancia de Heather e incluso ahora, Nonny—como la llamamos—llenó su casa de hermosas flores de su jardín trasero. Cada mañana se levantaba temprano para regar, desherbar y limpiar. Su jardín siempre se veía limpio y precioso. Ella nos inspiró a Heather y a mí a hacer lo mismo.

En alguna parte del segundo año de vida de nuestro hijo, el Señor trajo la jardinería a la memoria de Heather. Estaba teniendo uno de esos momentos a punto de pedir auxilio en la crianza de los hijos y se sentía exhausta y sin fuerzas. Cuando estaba literalmente clamando al Señor por sabiduría y fuerza para esa situación específica, le trajo a la mente el concepto de la jardinería como una ilustración de la crianza de los hijos. Considere estas dos perspectivas.

#1 SEPA CÓMO Y CUÁNDO DESHERBAR

Primero, como su vida y la mía, un jardín tiene el propósito de ser hermoso, verde y lleno de buena fruta. Las plantas comienzan como semillas. Con el fin de crecer, necesitan buena tierra, chorros de agua y sol. La crianza de los hijos es semejante a la jardinería. Se nos entregan personitas que necesitan ser cultivadas. Es nuestra responsabilidad como padres cuidar de sus pequeñas vidas para ayudarlos a crecer en el Señor. No obstante, el enemigo tiene otros planes para ellos y va a hacer todo lo que pueda para que nuestro trabajo sea imposible y sin esperanza. Trata todo lo que puede de llenar nuestros jardines de maleza.

La maleza se muestra en la forma de una naturaleza de pecado que tratará todo lo que pueda de servirse a sí misma y obtener lo que quiera con el fin de gratificarse. La maleza puede crecer cuando el jardín es desatendido por periodos o expuesto a semillas no deseadas. Hablando en términos prácticos, la maleza puede crecer cuando permitimos malas conductas y actitudes crecer en nuestros hijos y desarrollarse sin que las notemos. Las malas yerbas van a crecer cuando nos alimentemos de una cultura llena de basura que la mayoría llama "normal".

Proverbios 22:5-6 dice: "Espinas y trampas [y malas hierbas] hay en la senda de los impíos, pero el que cuida su vida se aleja de ellas. Instruye al niño en el camino correcto, y aun en su vejez no lo abandonará". Los buenos jardineros saben que es su trabajo cultivar lo bueno y desherbar lo malo. La jardinería requiere cuidado. Por ejemplo, una mala hierba que es rápidamente cortada en la superficie quizá parezca haberse ido para siempre, pero la raíz permanece, es solamente cuestión de un día o dos antes de que la mala hierba salga de nuevo de la tierra y siga creciendo y obtenga fuerza.

La única manera de verdaderamente remover una mala hierba es desarraigar con cuidado la raíz que está bajo tierra.

La única manera de verdaderamente remover una mala hierba es desarraigar con cuidado la raíz que esta bajo tierra; y ese tipo de jardinería requiere *tiempo*. Si se deshierba cuando la planta está pequeña, se puede tirar de ella con relativa facilidad, con raíces y todo. No obstante, si se descuida, la raíz de esa mala hierba crecerá más fuerte cada día y finalmente probará ser un problema mayor. Este mismo principio—y la mejor porción de sabiduría que hemos recibido—se aplica al jardín de nuestros hijos también: si ignoramos las malas hierbas o utilizamos un método rápido para deshacernos de ellas, pronto volverán a surgir, más arraigadas que antes.

APARTE TIEMPO PARA EL JARDÍN

Uno de los problemas más importantes con el que Heather y yo hemos lidiado como padres es: ¿Tenemos tiempo para hacer bien este trabajo? ¿Estamos desacelerando lo suficiente para, primero, siquiera ver las malas hierbas y luego cuidadosamente sacarlas de raíz? Si no, ¿qué cosas en nuestra vida se tienen que ir? ¿Qué actividades y preocupaciones están robándose el tiempo que necesitamos para hacer esto de la crianza de los hijos verdaderamente bien?

A medida que nos hacíamos estas preguntas, el Señor

comenzó a mostrarnos los cambios que nosotros como padres, necesitábamos hacer. Nos mostró como desacelerar, y nos dio nuevas estrategias a emplear; cosas que jamás hubiéramos visto por nosotros mismos. Lentamente, pero de manera segura comenzamos a ver crecer cosas preciosas en el huerto del corazoncito de nuestros hijos. Al ver un cambio tangible y real, nos sentimos más y más motivados a volvernos todavía mejores jardineros, incluso más concentrados.

Vivimos en un mundo que está en total oposición a la piedad. Nuestra cultura no está para nada de nuestro lado en nuestros esfuerzos por criar hijos que conozcan y amen al Señor. En lugar de ofrecer apoyo, el mundo en el que estamos criando a nuestros hijos ofrece un montón de las últimas técnicas, consejos, ideas y meditaciones que nos prometen que nos ayudarán a salir victoriosos en el trabajo en el que nos hemos "atorado".

Quizá el mundo nos haga creer que un niño normal es un rebelde grosero, hiperactivo, desobediente y que no cumple con las normas. Y ser una *diva* se ha convertido en la máxima aspiración que deben tener nuestras niñas (¿diva?, ¿de veras?, ¿no guarda eso un agudo contraste con las mujeres fructíferas, centradas en los demás, florecientes de Proverbios 31 que estamos llamados a criar?). Sabiendo lo que Dios tiene que decir acerca de la crianza de los hijos, simplemente no puedo ir con ese tipo de mensajes. Después de todo, jamás he leído en la Biblia acerca de que estas características cavernarias estén arraigadas en la raza masculina. Más bien, Dios se refiere a los hombres piadosos como líderes fuertes, guerreros-adoradores y amantes de sus esposas e hijos. El Señor enseña que los líderes más grandes son los mayores siervos y que los hombres que apasionadamente lo buscan tendrán su hogar lleno de paz.

#2 TAMBIÉN SE TRATA DE DISFRUTAR A NUESTROS HIJOS

Lo más genial de la jardinería es que no solamente se trata de mantener a raya las malas hierbas. La jardinería es real y verdaderamente acerca de llegar a disfrutar el fruto de nuestros esfuerzos. Dios no quiere que solo sobrevivamos nuestro tiempo de crianza de los hijos, sino que enseñemos y entrenemos y moldeemos activamente el corazón de nuestros hijos para que disfrutemos de ellos ahora a medida que siguen creciendo. ¡Tal disfrute marca la diferencia entre solamente sobrevivir y realmente florecer!

Dios no quiere que solo sobrevivamos nuestro tiempo de crianza de los hijos, sino que enseñemos y entrenemos y moldeemos activamente el corazón de nuestros hijos para que disfrutemos de ellos ahora a medida que siguen creciendo.

El Jardinero de nuestro corazón

Además de ser una gran imagen para la crianza de los hijos, la metáfora de la jardinería también nos ofrece una verdad importante para nuestra propia vida como padres. El Jardinero de nuestros corazones es el Señor, y Él nos llama a estar alertas a las maneras en que la maleza quiere obstaculizar nuestro caminar con Él. Para mantener nuestra propia vida limpia y libre de malas hierbas en este loco mundo, necesitamos pasar tiempo con Dios todos los días, alimentándonos de la verdad de su Palabra para que podamos seguir creciendo y llevando buen fruto como padres.

Si queremos ser los padres que el Señor desea que seamos—si queremos entrenar también a nuestros hijos como nos exhorta a que lo hagamos en Deuteronomio 6:5-9—debemos depender totalmente de Él y escuchar desesperadamente de Él...todos los días. Después de todo, cada día presenta desafíos, dificultades y luchas. ¿Cómo podemos esperar sobrevivir—mucho menos desarrollarnos y crecer—si no estamos buscando al Señor personalmente y creciendo en nuestra relación con Él? Es a través de esa relación primaria que nos muestra sus pensamientos, ideas y estrategias no solamente para nuestra crianza, sino para cada área de nuestra vida. ¡El punto de inicio—la relación de cada padre con el Señor—es la clave!

Salmos 128:1-3 habla acerca del corazón de Dios para la familia: "Dichosos todos los que temen al Señor, los que van por sus caminos [...] tu esposa será como vid llena de uvas; alrededor de tu mesa, tus hijos serán como vástagos de olivo". ¡Claramente, la visión de Dios para nosotros—y para nuestros hijos—es ser *verdes, crecientes y fructíferos*! Él nunca nos daría la tarea de la crianza si no se puede realizar. Ese no es el Dios al que servimos. Él siempre nos da una visión clara y luego nos da las herramientas para avanzar hacia ella a medida que lo buscamos a Él.

A principios de 2004, Phil y Heather fundaron el ministerio DeliberatePeople (www.deliberatepeople.com), una organización que ayuda a la gente a transformar su pasión por Dios en un plan de buscarlo diariamente a través de la oración y la lectura de la Biblia. Originario de Nueva Zelanda y músico, Phil ha pasado más de diecisiete años en la música cristiana contemporánea y ha grabado seis álbumes como solista. Phil y Heather cultivan su jardín en Tennessee.

11

El mejor consejo de nuestro piadoso pediatra

Gary Smalley

En 1976 tomé una posición como el pastor de matrimonio y familia de una iglesia grande en Waco, Texas. De chico fui un estudiante pobre. No podía escribir a máquina, era disléxico y tenía TDAH (Trastorno por déficit de atención con hiperactividad). Luché a lo largo de mi vida entera preparándome para mi vocación, así que estaba emocionado de finalmente ser empleado como pastor asistente remunerado.

En la iglesia, desarrollé un plan de estudios premarital de escuela dominical, organicé un pequeño seminario para parejas casadas y estaba dando mucha consejería. Dios abrió las puertas, y comenzaron a suceder cosas en mi ministerio. Me estaba sintiendo bastante bien por esa parte de mi vida.

No obstante en casa, las cosas no iban tan bien. Aquí

estaba yo, el pastor matrimonial y familiar, y nuestra vida en casa era un desastre caótico a veces. Nuestros hijos constantemente se peleaban entre sí y eran sumamente irrespetuosos conmigo y mi esposa, Norma. Se rehusaban a cooperar con nosotros y a menudo estaban fuera de control.

Norma y yo tratamos de hacer todo lo que pudimos pensar: cohecho, regalos, consecuencias. Incluso intentamos darles de nalgadas, aunque no nos sentíamos completamente bien con esa opción. No estábamos totalmente en contra del castigo físico, pero simplemente pensábamos que tenía que haber una mejor manera. No obstante, sin importar lo que intentáramos, nada estaba funcionando.

Cierto día, sucede que estaba en el consultorio de nuestro pediatra. El Dr. Charles Shellenberger era un líder en nuestra iglesia y un hombre piadoso a cuya familia yo admiraba. Ese día yo estaba particularmente frustrado por la situación con nuestros hijos, así que le dije lo que estaba pasando y le pregunté cómo lo manejaría él. El Dr. Shellenberger me dijo algo sencillo y a la vez profundo. Me dijo: "La clave para las relaciones saludables es mantener el honor alto y la ira baja".

Y luego me explicó: "Esto fue lo que hicimos como familia que realmente nos funcionó. Lo que va a hacer es sentarse con sus hijos y pedirles que le ayuden a organizar su familia de modo que todos sean altamente honrados y que el nivel de enojo sea tan bajo como sea posible. Hay un sistema que puede usar que logra eso". Era todo oídos.

Lo que va a hacer es sentarse con sus hijos y pedirles que le ayuden a organizar

su familia de modo que todos sean altamente honrados y que el nivel de enojo sea tan bajo como sea posible.

"Usted va a escribir una constitución familiar, como un contrato familiar".

Nuestros hijos eran bastante chicos, y yo dije: "¡Ay! Eso suena excelente, pero ¿cómo lo hacemos?". Y me explicó un poco más.

Tenía mucha confianza en este hombre que era padre de cuatro muchachos mayores que eran despiertos, maduros, responsables, amorosos y que estaban siguiendo a Dios activamente. Estaba tan impresionado con ellos que pensé:

Si sus métodos pudieron producir hijos como esos, me encantaría como papá hacer la mitad de lo que él ha hecho tan bien. Me dio tanta confianza lo que dijo el Dr. Shellenberger a continuación que no pude esperar a ir a casa a compartir sus sugerencias con Norma.

HAGA UNA CONSTITUCIÓN FAMILIAR

Me apresuré a casa y convoqué a una reunión familiar. Nos sentamos alrededor de la mesa de la cocina y les dije: "El Dr. Shellenberger me ha dado una idea. Probémosla y veamos si nos ayuda como familia". Todos estuvieron de acuerdo. Me dirigí a los niños: "Mamá y papá están realmente frustrados, y estoy seguro de que ustedes, niños, también. Ustedes no saben cuando les va a tocar una nalgada, están inquietos, no saben cuáles son las reglas. No hay límites en nuestra casa".

Le preguntamos a los niños: "¿Qué se necesita para traer un poco de armonía a nuestra familia?". Hicieron varias sugerencias. Una idea, por ejemplo, fue: "Recojamos nuestras cosas después de usarlas y guardémoslas". Y Norma rápidamente respondió: "¡Eso sería maravilloso! Saben, he sentido que soy la única que se preocupa por recoger la casa". Todos estuvieron de acuerdo en que esa sería una buena regla familiar, así que la escribimos.

Luego dijeron: "Bueno, debemos orar más seguido. Debemos preguntarle a Dios cuál es su voluntad para una familia". Norma y yo estuvimos de acuerdo: "¡Esa es una idea excelente!".

No les dimos un orden; solamente anotamos las ideas según iban siendo mencionadas. Seguimos haciendo la lluvia de ideas y hablando hasta que tuvimos cinco cosas en las que todos estaban de acuerdo que serían buenas para nuestra familia.

Luego dije: "La Escritura dice que honren a su padre y a su madre y que los obedezcan. Sin quejarse y sin murmurar". Encontramos otros pasajes acerca de que los niños obedezcan a sus padres, y le adjuntamos un versículo a cada uno de los puntos de nuestra constitución. Cada uno de los niños estuvieron de acuerdo en honrar y obedecer a Dios a través de honrar y obedecer a mamá y papá. Por ejemplo, tenían que decir: "Sí, mamá", y: "Sí, papá", cuando les pidiéramos algo, y no iban a discutir con nosotros. Y cuando nos preguntaran si podían hacer algo y les dijéramos que no, ellos no iban a quejarse y lloriquear y hacernos la vida miserable.

Otra cláusula en nuestra constitución le permitía a los niños convocar a una reunión de consejo en cualquier momento en que sintieran que nosotros como padres estábamos haciendo algo injusto. Si querían, podían traer a un "abogado"; podían traer a sus amigos con ellos a cualquier reunión familiar (a lo largo de los años, probablemente tuvimos solamente cinco reuniones de consejo).

También, como Norma y yo queríamos que los niños se sintieran altamente honrados, las únicas ocasiones en que les daríamos de nalgadas sería cuando estuvieran deshonrándose entre sí o a nosotros. Cada miembro de la familia sabía lo que decía Romanos 12:10: "Ámense los unos a los otros con amor fraternal, respetándose y honrándose mutuamente". Reconocíamos y creíamos que honrar a los demás era sumamente importante. Ahora teníamos que vivir de esa manera.

OBTENGA TODA LA INFORMACIÓN

Usualmente cuando sentía que los niños pensaban que algo era injusto, me detenía de inmediato como una manera de honrarlos y les decía: "Dame toda la información, por tu bien, no quiero equivocarme en esto".

Por ejemplo, una vez, entré a la cocina y vi a Greg lanzarle su plato desechable lleno de comida por sobre la mesa a Kari. Cuando alcanzó el objetivo deseado, quedó bañada en papás fritas, un sándwich y puré de manzana; ella estaba furiosa (ella tenía unos doce años, y él tenía unos nueve o diez en ese momento).

Habiendo entrado justo a tiempo para ver como el plato golpeó a Kari, tomé a Greg y le dije: "Eso deshonró bastante a tu hermana".

Iba a llevármelo a arriba a su habitación, pero intervino: "Espérame, espérame. Necesito convocar a una junta de consejo ahora".

"¿Qué?", le pregunté sorprendido.

Él continuó: "No sabes lo que acaba de suceder justo antes de eso".

Y yo respondí: "Tienes razón. No lo sé".

Así que me senté a la mesa con ambos, y descubrí que Norma le había pedido a Kari que le hiciera el almuerzo a Greg. Kari lo había hecho, pero Greg ya había comido. Sin saber que él ya había comido, ella respondió: "Bueno, pues te vas a comer esto te guste o no", y entonces se lo aventó.

Por supuesto, golpeándolo, y él volvió a insistir: "Oye, dije que no me voy a comer esto. No tengo hambre". Y se lo aventó de regreso, y allí fue cuando entré. No había escuchado la parte en la que él dijo que no tenía hambre y que ella dijo que se lo tenía que comer de todos modos, así que no tenía toda la información.

Cuando Kari dijo su lado de la historia: "Papá, mamá me pidió que le hiciera el almuerzo a Greg. Yo no sabía que ya había comido. Solamente estaba llevando a cabo las órdenes de mamá. Él no quería comer, pero le dije: 'Claro que vas a comer, porque mamá dijo que se supone que tengo que alimentarte'". Kari sintió que estaba haciendo lo que tenía que hacer obedeciendo a mamá, pero realmente no estaba escuchando a Greg.

Después de que tuvimos todos la información correcta nos reímos juntos. Kari subrayó su punto: "Papá, simplemente estaba muy frustrada con él. Estaba siendo engreído".

"Está bien. Lo entiendo", dije, y todos nos dimos palmadas en las manos, y ese fue el fin de ello.

TIENE QUE SER REAL

Parte de honrar a otros es ser genuino. Sus hijos van a rechazar por completo todo lo que tenga que ver con usted, especialmente si usted es un creyente en Cristo, si ellos ven que está siendo incongruente. Los hijos están muy alerta a ese tipo de cosa. Cuando nuestros hijos vieron que yo era la misma persona en casa que la que era cuando estaba fuera dando charlas o haciendo películas o apareciendo en la televisión—que lo que estaba haciendo era real y genuino—tuvo un efecto positivo significativo en su vida.

Deje que sus hijos lo ayuden a través de señalarle sus inconsistencias. Por ejemplo, podrían decirle: "Nos dices que no digamos malas palabras, pero te escuchamos decirlas todo el tiempo". Tengo un ejemplo de nuestra familia que todavía recuerdo vívidamente.

Íbamos conduciendo por el norte de Arizona en el sudoeste y nos detuvimos en un Pizza Hut en un pequeño pueblito en medio de la nada. El letrero decía: "Ensalada libre". Norma pidió la ensalada, y yo pedí algo más. En ese entonces teníamos poco dinero, así que yo no pedí la ensalada. Solo me comí unos bocados de la de Norma.

Deje que sus hijos lo ayuden a través de señalarle sus inconsistencias.

La mesera adolescente me vio comer del plato de ensalada de Norma, así que se acercó y me dijo: "Señor, no tiene permitido comer de la ensalada de su esposa. Es 'ensalada libre' para una persona, no para la familia".

¡Su comentario me irritó hasta lo máximo! Estaba cansado de manejar, y además no me gusta que me controlen. Todavía más, pensé que era ridículo que esta jovencita se acercara a corregirme. ¿Realmente importaba? *Yo no estaba comiendo tanto*, razoné. Bueno, me le fui encima verbalmente. Me enojé tanto que mi espalda baja se me tensionó, y tuve que calmarme conscientemente porque sabía que podría tener un ataque cardiaco.

Cuando nos fuimos, yo iba callado. Greg finalmente dijo: "Papá, ¿vas a permitir que esa adolescente te robe a ti y a nuestra familia del buen día que podríamos estar teniendo?".

"Sí. Tienes razón", dije.

Luego continuó: "Papá, ¿qué tanto honraste a esa muchacha?". La pregunta de Greg me dejó frío. Si no hubiéramos estado a tantas millas de distancia, probablemente hubiera dado la vuelta y regresado al Pizza Hut, y pedirle a la mesera que me perdonara. Greg tenía razón: Yo *no la había* honrado mucho que digamos. Y esa, después de todo, era la regla familiar.

Por supuesto, Norma habló de inmediato y dijo: "Eso es verdad, papá. Esa es la regla, y teníamos que haberla obedecido". Sí, había metido la pata.

UNA PALABRA DE ADVERTENCIA

Honrar a nuestros hijos algunas veces puede requerir mucho tiempo. Los padres necesitan conocer la personalidad de sus hijos y estar preparados para tener largas conversaciones con algunos de ellos. Por ejemplo, cuando Greg estaba en desacuerdo conmigo, algunas veces era una discusión de dos horas—un ejercicio de dos horas honrándolo—antes de llegar a una conclusión. Honrar a Michael y a Kari era mucho más rápido: nuestras discusiones terminaban en cinco minutos.

Los niños con personalidades fuertes como Greg lo notan todo. Michael y Kari quizá dejen pasar muchas cosas, pero no Greg. Él es consistente, como su mamá. Si le decía algo, entonces más me valía vivirlo. Incidentalmente, Greg es mi mentor principal hoy. Así es de valioso él para mi vida. Con las cosas que ha aprendido en sus cursos intensivos de matrimonio, incluso nos ha ayudado a su madre y a mí en nuestro matrimonio. Michael es otro de mis mentores clave. Por cierto, él me donó un riñón hace nueve años. Me dice todo el tiempo: "Oye, solo recuerda que te estoy manteniendo vivo con mi riñón. Sigo con dolores, y tú ya no". Pero dice que volvería a pasar por todo el asunto de nuevo. Esa es definitivamente una expresión de su honra hacia mí.

Sin embargo, suponga que nuestra relación a lo largo de los años hubiera sido menos cálida y armoniosa, y que él no sintiera que fuera tan importante para mí. ¿Qué tan dispuesto habría estado de decir: "Sí, voy a tomar el desafío, voy a someterme a la cirugía y a arriesgar mi vida por ti"? Michael, de hecho, casi se muere en la mesa de operaciones. Entró en una condición crítica después de que donó su riñón porque le tocaron los pulmones en la operación y un pulmón se colapsó. Michael verdaderamente puso su vida por mí. Pero nuevamente, si hubiera estado enojado conmigo y nunca se hubiera sentido honrado, quizá hubiera dicho: "¿Sabes qué? Consíguete un riñón de alguien más". Lo más probable es que ni siquiera se hubiera sometido a la prueba para ver si era candidato.

Por supuesto, no debemos honrar a los demás por razones egoístas. ¡Uno no cría a los hijos para asegurar partes de recambio biológicas futuras! Pero el sacrificio de Michael definitivamente es un ejemplo de honor extremo.

EL RESULTADO DE HONRAR

La familia sufrirá ciertas consecuencias si no se valora el honrarse unos a otros. De hecho, cuando nuestros hijos estaban chicos, realmente me molestaba lo que pasaba entre ellos. Sabía que era normal que los hermanos y las hermanas algunas veces se enojaran entre sí. Pero en todo lo que podía pensar era en esas familias que son un gran desastre cuando se reúnen para las fiestas. No se llevan y son hostiles entre sí. Yo no quería eso para mi familia cuando mis hijos hubieran crecido, pero podía ver que se estaban dirigiendo en esa dirección si no hacíamos algo mientras estaban chicos todavía.

No tengo que decir lo contento que estoy de que un sabio y piadoso doctor hubiera compartido conmigo su secreto para las familias saludables; y que Norma y yo escuchamos y decidimos actuar sobre su consejo. Mantener el honor alto y la ira baja; esta meta le ha funcionado bien a la familia Smalley.

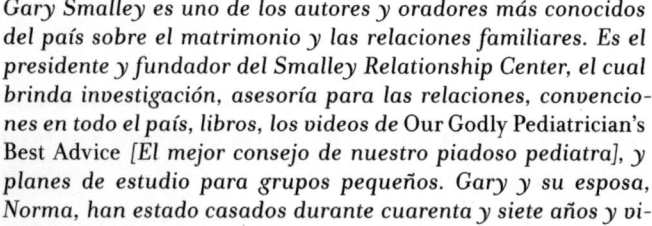

Gary Smalley es uno de los autores y oradores más conocidos del país sobre el matrimonio y las relaciones familiares. Es el presidente y fundador del Smalley Relationship Center, el cual brinda investigación, asesoría para las relaciones, convenciones en todo el país, libros, los videos de Our Godly Pediatrician's Best Advice *[El mejor consejo de nuestro piadoso pediatra], y planes de estudio para grupos pequeños. Gary y su esposa, Norma, han estado casados durante cuarenta y siete años y viven en Branson, Misuri. Tienen tres hijos casados—Kari, Greg y Michael—y diez nietos.*

12

¡*Aprenda!*

Cynthia Ulrich Tobias

Creo que el mejor consejo de crianza de los hijos que recibí fue de mi papá, y solo fue una palabra. Comencé a escucharla de niña, y la escuché hasta estar en los primeros años de mi vida adulta. A lo largo de esos años, yo de hecho pensaba que la palabra tenía el propósito de frustrarme, pero al mirar hacia atrás, ahora comprendo cómo esa palabra ha moldeado todo el trabajo de mi vida. ¿La palabra? *Aprende.*

—Papá, quiero hablar español.
—Esa es una buena idea, Cindy.
—Pero no sé cómo.
—Bueno, *aprende.*
—¿Cómo puedo aprender si no sé cómo?
—Ya lo descubrirás.

¿Por qué mi papá no simplemente me *ayudaba?* ¿Por qué tenía que hacerlo tan difícil? De niña, estaba confundida por: "Bueno, *aprende*". De adolescente, a menudo me sentía exasperada por ese comentario. Luego, cuando llegué a ser madre, la respuesta estándar a mi interés en algo de pronto me hizo mucho sentido.

Primero que nada, déjenme aclarar que mi papá siempre me apoyó y yo lo sabía. Me alentó, me motivó y me felicitó. Pero se rehusaba a *hacer* cosas por mí cuando había una oportunidad de que lo hiciera por mí misma, o que lo aprendiera a hacer por mí misma.

También déjeme aclarar que yo no era exactamente la niña más fácil con la cual trabajar. Mi fuerte voluntad y mi espíritu independiente (ambos heredados de mi padre) le presentaban constantes desafíos a mi mamá y a mi papá. Pero estaban determinados a inculcarme amor por Dios, un deseo de tener éxito y un corazón para servir a los demás. Ah, y la invaluable habilidad de *aprender*.

Escuché el recordatorio frecuente de mi papá de que debería *aprender* como su voto de confianza en mí así como un desafío. Obviamente mi padre tenía fe en mi capacidad de obtener el conocimiento que necesitaba, y se rehusaba a dejarme encogerme de hombros y rendirme cuando sabía que era capaz de vencer cualquier obstáculo en mi camino.

Mi hermana menor Sandee era lo opuesto a mí. Ella era naturalmente una niña que cumplía con todo y una estudiante seria y tradicional que solía obtener mejores notas que yo. Ella se llevaba bien con casi todo el mundo, y virtualmente jamás desafiaba la autoridad ni cuestionaba las directrices parentales. Papá parecía saber que necesitaba tratar con Sandee de manera diferente a como me había tratado a mí. Ella requería instrucciones específicas y felizmente tomaba los consejos y las advertencias a pecho (¡creo que Dios les estaba dando a mis padres un descanso bastante merecido después de cinco años de tratar conmigo!).

BRÍNDELE ESPACIO A LOS NIÑOS PARA QUE LO DESCUBRAN

Mi padres insisten en que ellos no le pidieron a Dios que esto sucediera, pero después Dios me dio un niño de voluntad firme, y el ejemplo de mi papás resultó ser uno de sus mayores regalos a mí como madre. Mis hijos gemelos, Mike y Robert, fueron ambos inteligentes y llenos de energía desde el principio, pero rápidamente me di cuenta de que Mike iba a ser un verdadero desafío. Incluso a los dos años, resistía mis intentos por insistir que hiciera las cosas a mi manera. Yo sabía que era esencial mantener mi autoridad parental, y tomé las medidas para asegurarme de mantener a mis hijos sanos y salvos y enseñarles fuertes valores morales y espirituales. Pero ya podía ver lo crucial que iba a ser darle a Mike espacio para descubrir ciertas cosas por sí mismo.

Yo tuve la bendición de que mi mamá cuidó de los niños durante el día desde su nacimiento hasta que entraron a la escuela. Mi papá ya estaba retirado para ese entonces, y mis padres convirtieron su casa en un gran país de las maravillas educativo. Pusimos carteles conforme a su edad a lo largo de las paredes del pasillo y les permitimos a los chicos decidir en qué estaban más interesados. Cuando un muchacho señalaba un cartel y preguntaba: "¿Qué es eso?", con gusto le dábamos tanta información como quería. De inmediato vimos las diferencias en lo que les atraía a los chicos. Rob se sentía más atraído por carteles de ayudantes de la comunidad y las familias, mientras que Mike estaba fascinado por el sistema solar y los personajes históricos.

Cuando los niños empezaron a ir a la escuela, siguieron explorando el mundo más allá del aula. Nos deleitamos en observarlos expresar su curiosidad y perseguir sus intereses además de aprender lo que era requerido en el aula. Gracias a mi papá, yo estaba al tanto del valor infinito de alentar a los niños a *aprender* cómo hacer las cosas en lugar de simplemente enseñarles cómo se hace algo.

GENERE EL DESEO DE APRENDER

Creo que, como padres, debemos continuamente producir en nuestros hijos un deseo de aprender y brindarles los medios para hacerlo. Al mismo tiempo—especialmente para nuestros hijos de voluntad firme—debemos de resistir el impulso de simplemente hacer las cosas por ellos. Es verdad que es mucho más fácil atar el zapato cuando uno tiene prisa que tomarse el tiempo de dejar que su hijo lo descubra. Cuando la hora límite se acerca y los deberes escolares no están terminados, es tentador sentarse con su estudiante que deja todo para el final y hacérselos.

¿Pero qué le sucede a la increíblemente importante tarea de enseñarle a su hijo a responsabilizarse por su propio éxito? Si dirigimos cada paso, suplimos cada instrucción y monitoreamos cada movimiento, ¿cómo pueden aprender a hacer las cosas por sí solos? Por supuesto tiene que haber un equilibrio. Alentar a un niño a aprender por sí mismo debe ser atemperado a través de retener la autoridad parental y asegurar una supervisión considerada. Pero hay algo poderoso y profundo en que nuestros hijos aprendan a *aprender*, y verlos explorar las posibilidades según su propio diseño y puntos fuertes.

Si dirigimos cada paso, suplimos cada instrucción y monitoreamos cada movimiento, ¿cómo pueden aprender a hacer las cosas por sí solos?

GUÍELOS A APRENDER

Las ocasiones para disciplinar a mis hijos también me enseñaron acerca del poder del aprendizaje. Mike rápidamente ponía defensas y barreras cuando le hablaba de algo que había hecho mal. Habiendo sido una niña de voluntad firme yo misma, se que lo último que los niños quieren escuchar es una frase como: "¿Qué lección aprendiste de esto?". Pero descubrí que si uso las preguntas con cuidado, Mike casi siempre aprendía de su propia evaluación de la situación.

Por ejemplo: Los muchachos asistían a una escuela cristiana con un sumamente fuerte código de ética y varias reglas que Mike algunas veces consideraba demasiado restrictivas. Cierta mañana llegó a casa con un aviso de detención que había obtenido por su comportamiento poco respetuoso. Resistí mi impulso de regañarlo y recordarle como debería actuar. En lugar de ello con calma le hice algunas preguntas.

—¿Mike, que estabas tratando de lograr?

—Mamá, el nuevo director no nos trata con respeto, pero exige que le mostremos respeto a *él*. Pensé que podríamos iniciar una protesta y que otros se podrían unir a mí para objetar el tratamiento que estamos recibiendo.

—¿Qué tal funcionó?—le pregunté.

Los hombros de Mike cayeron y sacudió la cabeza. "No como yo esperaba", reconoció. Lo que siguió fue una conversación acerca de lo que podía hacer de manera distinta y de cómo estar en una escuela nueva podría estarle presentando algunos desafíos bastante intensos al director. Le pregunté a Mike que era lo que él pensaba que debería ser su siguiente paso, y me dijo que su plan era disculparse con el director y dilucidar una manera de arreglar el asunto.

Nuestra conversación acerca de una situación no siempre termina así, pero me sorprende las muchas veces que sí. Hay algo acerca de ser *guiado* a aprender más que de ser forzado a recitar una lección que le da al niño un sentido saludable de propiedad y responsabilidad. Y uno de los mayores beneficios es lo mucho que esta perspectiva de una situación puede fortalecer la relación entre nosotros.

Mi papá celebró su octogésimo sexto cumpleaños este año, y sigue siendo una poderosa influencia positiva en mi vida. Sigo aprendiendo de él, y lo busco para consejo y consuelo. Es mi oración que mis hijos hagan lo mismo conmigo. Los hemos animado a explorar el mundo, y están floreciendo en maravillosos adultos jóvenes. Están entusiasmados por cada nueva experiencia, y hay una palabra en su vocabulario que abrazan con gran placer y expectativa: ¡*aprender*!

¡Aprenda!

---❧---

Cynthia Ulrich Tobias es fundadora, gerente y directora general de AppLe St. (Applied Learning Styles). Es autora y oradora, conocida a lo largo de los Estados Unidos e internacionalmente por sus entretenidas, prácticas y transformadoras presentaciones. Es la autora de mayor venta de The Way They Learn [La manera en que ellos aprenden], The Way We Work [La manera en que trabajamos], Every Child Can Succeed [Todos los niños pueden tener éxito], Bringing Out the Best in Your Child [Cómo sacar lo mejor en tu hijo] y I Hate School! [¡Odio la escuela!].

13

¡Hablemos de fe!

Mark A. Holmen

Recientemente estaba abordando mi avión para pasar trece días en una gira de charlas a lo largo de Nueva Zelanda. Me estaba comunicando con mi hija de la manera en que la mayoría de los papás se comunican con sus adolescentes hoy en día: por mensajes de texto. Cuando la tripulación comenzó a prepararse para el despegue, le envié a mi hija el mensaje final: "Hora de irme. Quiero que sepas que te voy a extrañar mucho, te amo todavía más, y voy a estar orando por ti continuamente". Luego—justo antes de apagar mi teléfono—recibí el siguiente mensaje de su parte: "También te amo, Papi. El Señor te bendiga y te guarde; el Señor te mire con agrado y te extienda su amor; el Señor te muestre su favor y te conceda la paz".

Si Moisés hubiera sabido acerca de los mensajes de texto, probablemente lo hubiera incluido en sus instrucciones de Deuteronomio 6:7, que es el mejor consejo para criar a los hijos que he encontrado. En ese pasaje Moisés es sumamente claro: "Incúlcaselas [las palabras de Dios] continuamente a tus hijos. Háblales de ellas cuando estés en tu casa y cuando vayas por el camino, cuando te acuestes y cuando te levantes". Es a través de intencional y consistentemente hablar con nuestros hijos acerca de Dios y sus caminos que alentamos a nuestros hijos a vivir una relación amorosa y duradera con Él.

Es a través de intencional y consistentemente hablar con nuestros hijos acerca de Dios y sus caminos que alentamos a nuestros hijos a vivir una relación amorosa y duradera con Él.

———

Por esta razón no solamente he instruido a mi hija en casa, sino que también he dedicado mi vida para ser autor a tiempo completo, orador y misionero con el movimiento Faith at Home Movement [Movimiento Fe en Casa]. Viajo por el mundo hablando con líderes de la iglesia y padres acerca de la importancia de restablecer el hogar como el lugar principal en el que se enseña, se vive, se expresa y se cultiva la fe. Eso comienza con entrenar a los padres para que hablen con sus hijos acerca de los caminos de Dios cuando se sientan en casa, cuando van por el camino, cuando se acuestan y cuando se levantan; y cuando envían mensajes de texto o correo electrónico.

No estoy seguro de cuando, por qué o cómo sucedió, pero de alguna manera como padres hemos dejado de lado llevar a cabo este aspecto sumamente importante de la crianza cristiana de los hijos. Podemos hablar con nuestros hijos acerca de los deportes, la escuela y las actividades extracurriculares, sin embargo cuando se trata de hablarle a nuestros hijos acerca de Dios y sus caminos, tenemos mucho trabajo serio por hacer. En 1990, el Search Institute publicó los resultados de una encuesta a nivel nacional de más de once mil participantes de quinientas sesenta y un congregaciones a lo largo de seis denominaciones diferentes, y las cifras fueron reveladoras:

- Solamente 12% de los adolescentes encuestados habían tenido un conversaciones regulares con su madre sobre temas de la fe o de la vida.
- Solamente 5% de esos adolescentes habían tenido conversaciones regulares con su padre sobre temas de la fe o de la vida.[1]

En 2003, el investigador George Barna confirmó estas cifras al estar trabajando en su libro *Como transformar a los niños en campeones espirituales*: "Descubrimos que en una semana típica, menos de 10% de los padres que asisten regularmente a la iglesia con sus hijos leen la Biblia juntos, oran juntos (en otro momento que no sea antes de comer) o participan en un acto de servicio como una unidad familiar.[2]

DONDE SE CULTIVA LA FE

Mi amigo y mentor, el Dr. Roland Martinson, una vez dijo: "Lo que debemos hacer es dejar que los niños pasen a dejar a sus padres a la iglesia. Entrenamos a los padres y luego los enviamos a sus campos misioneros—sus hogares—¡para cultivar cristianos!".

Si queremos que nuestros hijos tengan una fe perdurable en Jesucristo, entonces las conversaciones acerca de la fe deben ser nuestra vida diaria con ellos, no solamente una hora a la semana los domingos por la mañana.

No obstante, hoy en día no se está hablando acerca de la fe. En un intento por cambiar esta situación veamos algunas directrices que le permitirán ver cómo puede establecer o restablecer la conversación acerca de la fe con sus hijos.

TIEMPO

¿Cuándo es el momento correcto para hablar de la fe? Una pregunta que constantemente me hacen los padres es esta: "¿Cuándo se supone que voy a encontrar el tiempo para tener conversaciones acerca de la fe con mis hijos o para tener un devocional con ellos?". Muchas mamás y papás sienten que necesitan apartar un tiempo específico cada día o cada semana para reunir a toda la familia para un tiempo de tener conversaciones acerca de la fe, o para un tiempo en el que todos estén sentados quietos y bien portados en la mesa de la cocina, con una vela encendida y la Biblia abierta. ¡No me mal entienda! Si usted puede lograrlo, entonces le digo: "¡Bien hecho, buen siervo y fiel!". Pero todo lo que puedo decir es esto, en la casa de mi juventud, de niños eso hubiera hecho que nos interesáramos menos en las conversaciones que integraran la vida y la fe. Conociendo esto, mis padres jamás nos guiaron en un tiempo de meditación o lectura formal. Más bien simplemente aprovechaban los momentos adecuados para enseñar y entablaban una conversación acerca de la fe con nosotros en ese momento.

Por ejemplo, de chico cuando veíamos un accidente a un lado del camino, mi papá o mi mamá simplemente decían: "Vamos a tomar un momento ahora para orar por las personas que estuvieron en ese accidente". Mi punto es simplemente este: en lugar de tratar de generar un tiempo para hablar sobre la fe, aproveche los momentos y oportunidades para hablar sobre la fe que Dios brinda de manera cotidiana, momento a momento. Por ejemplo, si usted ve un arco iris en el cielo, pídale a su hijos que recuerden las promesas que Dios quiere que recordemos, y ese se volverá en un tiempo para hablar de la fe, meditar o leer la Biblia.

REPETICIÓN

Otra clave para restablecer la conversación acerca de la fe es la *repetición*. La palabra *deuteronomio* significa "la repetición de la ley". Si lee todo el libro de Deuteronomio, descubrirá que Moisés continuamente le repitió los mandamientos básicos de Dios a un grupo de personas bastante tercas que querían vivir su vida en lugar de los caminos de Dios (¿le suena familiar?). Del mismo modo, la conversación acerca de la fe tiene que ser repetitiva a medida que hablamos constantemente acerca de los caminos de Dios con nuestros hijos.

Aun y cuando nuestros hijos digan: "Ya sé lo que vas a decir, Papá", dígalo de nuevo porque en un mundo en el que todo lo demás está constantemente cambiando, es vital que nuestros hijos se den cuenta de que los caminos de Dios no cambian. Por ejemplo, mi esposa ha bendecido a nuestra hija cada noche de su vida a través de orar sobre ella nuestra versión de Números 6:24-26: "El Señor te bendiga y te guarde; el Señor te mire con agrado y te extienda su amor; el Señor te muestre su favor y te conceda la paz. En el nombre del Padre, del Hijo y del Espíritu Santo. Te amo. Amén". Ahora a los dieciséis, mi hija no se va a la cama sin recibir esta bendición de parte de mi esposa y antes de que yo salga de viaje mi hija ora esa misma bendición sobre mí. Las verdades de las conversaciones de fe ganan poder y significado con la repetición.

ACEPTACIÓN

Lamentablemente, una de esas quejas continuas que escucho al dirigir eventos de crianza de los hijos es: "Me encantaría que mi esposo pudiera... Me gustaría que mi esposa... Desearía que mi familia fuera más...". Amigos, una de las claves con la conversación acerca de la fe es *aceptar* que todos lo vamos a hacer de modo distinto. Y si tiene más de un hijo, va a tener que aceptar que la manera en que entabla una conversación de fe probablemente tenga que ser diferente con cada niño. En otra palabras, la manera y el momento de entrar en una conversación de fe será diferente entre el marido y la esposa, y también será distinta con cada uno de sus hijos.

Y si tiene más de un hijo, va a tener que aceptar que la manera en que entabla una conversación de fe probablemente tenga que ser diferente con cada niño.

Por ejemplo, mi suegro es una persona firme en la fe, no obstante, él no entró en muchas conversaciones formales acerca de la fe con mi esposa cuando ella era chica. Sin embargo, cada noche cuando ella pasaba por su habitación se asomaba, y cada noche lo veía de rodillas orando. Así es como pasaba los últimos veinte minutos antes de acostarse. Ahora yo podría sentarme aquí y decir de manera criticona: "Es que él debería de haber...". pero el hecho es que aunque no hizo otras cosas, lo que hizo—su ejemplo—le habló a mi esposa. Actualmente, la posición favorita de mi esposa para orar es de rodillas. Así que aceptemos que la conversación de fe puede ocurrir en una amplia variedad de maneras.

INTENCIONALIDAD

Otra realidad acerca de las conversaciones de fe es reconocer que a veces tenemos que hacerlas suceder de manera *intencional*. Algunas veces vamos a necesitar cerrar la puerta de la habitación, estacionar el coche a la orilla de la carretera o—y es verdad—echar abajo la escalera del techo para que se pueda llevar a cabo una conversación de fe. Mi suegro echó abajo la escalera del techo cuando, después de un primer año difícil en la universidad, mi esposa volvió a casa y anunció que había decidido no regresar a la escuela. En lugar de ello, iba a vivir en casa y a trabajar en la heladería local (su pequeño pueblo natal de Iowa no era lo suficientemente grande para tener una heladería de cadena nacional). Un par de días después, María estaba recostada en el sol disfrutando su retiro temprano a los diecinueve mientras mi suegro estaba trabajando en el techo del garaje. Mi suegro le pidió que subiera y que lo ayudara a trabajar en el techo. María subió por la escalera al techo, mi suegro le dijo que se sentara, y cuando se hubo sentado, él se acercó y ¡echó abajo la escalera hasta el piso! Luego se sentó junto a ella y le dijo: "Creo que es tiempo de que tengamos una pequeña conversación acerca de tu decisión con respecto a la universidad".

Lo que mi esposa recuerda más acerca de ese tiempo en el techo (aunque nunca va a olvidar el incidente de la escalera) fue la conversación que tuvieron y que su papá la amaba lo suficiente como para escuchar y hablar.

Mi amigo, a veces va a necesitar *hacer* que sucedan las conversaciones de la fe. Más que evitar esas oportunidades, hagamos lo que se requiera para hacer que esas conversaciones sucedan, confiando en que Dios hará una gran obra en ellos y a través de ellos aun y cuando al principio no parezca sencillo.

SIN FIN

El aspecto final de las conversaciones de la fe es que necesitan ser *sin fin*: necesitamos consistente y continuamente encontrar maneras de entablar conversaciones de fe con nuestros hijos sin importar su edad. Con los abuelos soy bastante claro en que no existe plan de retiro cuando se trata de entablar conversaciones de fe con sus hijos y nietos, y concluyo diciendo: "Podrá detenerse cuando Satanás se detenga".

A medida que nuestros hijos crezcan, simplemente necesitamos ser más creativos acerca de la manera en que entramos en conversaciones de fe. Con mi hija de dieciséis años, mis maneras principales son a través de mensajes de texto y hablando en el coche de camino a, o de, la escuela. Mi esposa les escribe notas en sus fiambreras, y yo también estoy usando una aplicación bíblica para enviarles versículos de la Escritura cada día. Las conversaciones acerca de la fe no deben terminar jamás.

¡Allí lo tiene, amigo! Entablemos conversaciones de fe con nuestros hijos en cualquier momento y todo el tiempo. A medida que nuestras conversaciones acerca de Dios sucedan de manera casual y natural, las verdades acerca de Él se irán quedando impresas en los corazones de nuestros hijos.

Mark Holmen es un consultor nacional e internacional, así como orador de Faith At Home [Fe en Casa] un movimiento que equipa a las congregaciones para hacer del hogar el lugar principal en que la fe es cultivada. Mark sirvió como el pastor principal de la iglesia Ventura Missionary Church hasta recientemente, en que dejó el cargo para buscar ministerio a tiempo completo con Faith at Home. Mark y su esposa, María, tienen una hija, Malyn. Para más información acerca de Mark Holmen, visite: www.faithathome.com.

14

Cómo criar hijos de adentro hacia afuera

Vicki Courtney

Como mis hijos dejaron el nido recientemente, tengo el lujo de recordar la sabiduría para la crianza de los hijos que escuché a lo largo de los años y evaluar los pedacitos de verdad que fueron más importantes. Si tuviera que señalar un consejo que me haya acompañado a lo largo de los años de criar a nuestros tres hijos, hubiera sido este: *críalos de adentro hacia afuera*.

Aprendí como funciona este principio en un evento de crianza de los hijos guiado por el Dr. David Ferguson, quien fue coautor de *Intimate Encounters* [Encuentros íntimos] (un cuaderno de trabajo matrimonial fabuloso) y *Parenting with Intimacy* [Criando a los hijos con intimidad] (un cuaderno de trabajo igualmente fabuloso sobre la crianza de los hijos). En ese tiempo mis hijos eran jóvenes y yo era apto para "arreglar cosas". En otras palabras, cuando mis hijos no se comportaban bien, me enfocaba en *arreglar la conducta* más que en centrarnos en el meollo del asunto para descubrir lo que probablemente estuviera *generando la conducta*. Estaba dejando las cosas arregladas por fuera en caso de que los vecinos estuvieran mirando.

VAYA AL MEOLLO DEL ASUNTO

Francamente, dedicarse a la conducta es mucho más fácil y consume menos tiempo que criar el corazón. Por ejemplo, cuando mi hija estaba en primaria, cierta vez la recompensé con un paquete de chicle por su buena conducta. Cuando llegó a casa, su hermano le pidió un chicle. "¡Para nada! Son mis chicles", proclamó. Para hacer la historia corta, sin la intervención de sus padres, ella no iba a compartir los chicles.

Le recordé a mi hija que yo había comprado los chicles, y le dije que le diera uno a su hermano o que confiscaría todo el paquete y se lo daría yo mismo. Mi meta en ese momento era simplemente modificar la conducta y resolver el problema inmediato. Bueno, podía hacer que ella cumpliera las reglas, pero los resultados no serían de largo plazo. Criar hijos de adentro hacia afuera podría querer decir tomarme el tiempo de sentarme con mi hija para descubrir por qué no quería compartir sus chicles.

Así que me llevé a mi hija afuera y le pregunté. Su razón fue sencilla—y bastante predecible—: Simplemente no tenía ganas. Ella quería los chicles para ella misma, todos y cada uno de ellos. En el meollo del asunto, mi hija simplemente estaba siendo *egoísta*. Imagínese eso.

Francamente, dedicarse a la conducta es mucho más fácil y consume menos tiempo que criar el corazón.

Salmos 26:2-3 dice: "Examíname, Señor; ¡ponme a prueba! purifica mis entrañas y mi corazón. Tu gran amor lo tengo presente, y siempre ando en tu verdad". Demasiado a menudo, nos preocupamos más acerca de las tácticas para modificar la conducta que de profundizar a la raíz del problema del pecado. Y el egoísmo es pecado.

Después de pasar un tiempo hablando con mi hija acerca del pecado de egoísmo y del punto de vista de Dios sobre el pecado, la animé a examinar su corazón y a revisar sus acciones delante de Dios. Por supuesto le aseguré que todos pecamos y que hemos sido destituidos de la gloria de Dios (¡incluso los adultos!), y le recordé acerca del amor de Dios y su perdón.

EXAMINE EL CORAZÓN

A medida que nuestros hijos crecen, los riesgos espirituales también. No compartir un paquete de chicles es la menor de nuestras preocupaciones cuando nuestros hijos llegan a la adolescencia y son tentados a beber en una fiesta o empezar una relación con la persona que les gusta.

Recuerdo el tiempo en el que descubrí que mi hijo más joven—quien en ese tiempo estaba en la escuela de enseñanza media superior—había estado bebiendo con sus amigos cristianos. Mi primer instinto fue castigarle todo lo que me pudiera imaginar y encerrarlo por completo para desalentar el comportamiento en el futuro.

Sí fue castigado, pero su padre y yo también pasamos una gran cantidad de tiempo ayudándolo a entender sus motivos. ¿Qué lo había llevado a beber? (Sus respuestas eran típicas: por curiosidad, por querer encajar y demás). Luego, le preguntamos si había experimentado algún tipo de convicción de pecado por sus acciones, y para nuestro alivio, nos compartió lo difícil que fue para él acercarse a Dios después de su pecado. A medida que explicaba cómo se sintió por tener una doble vida, lágrimas de dolor fluyeron. Incluso dijo: "Estoy feliz de que me hayan pillado". Le recordamos a nuestro hijo el consejo de Dios de "acerquémonos confiadamente al trono de la gracia" (Hebreos 4:16) y que ningún pecado es demasiado grande para el perdón de Dios. El incidente generó una nueva práctica en nuestra casa. Antes, cuando mis adolescentes salían por la puerta con las llaves del coche en la mano, les gritaba un recordatorio amigable: "¡Te amo! ¡Toma buenas decisiones!". Pero a medida que aprendí a enfocarme más en examinar el corazón que en modificar la conducta, me di cuenta de que la clave para tomar buenas decisiones es primero *recordar la cruz*. Así que después de ese desafortunada situación con mi hijo, cada vez que salía de casa le gritaba: "¡Te amo! ¡Recuerda la cruz!". Gracias a las muchas conversaciones que habíamos tenido sobre la importancia de examinar el corazón y la necesidad de recordar la cruz, mi hijo sabía exactamente a qué me refería.

VAYA UN PASO MÁS ALLÁ

Este pedazo valioso de sabiduría—*cría a tus hijos de adentro hacia afuera*—ha aparecido en muchos de los libros de crianza de los hijos y estudios bíblicos que he escrito, así como en los mensajes que he compartido a lo largo del país. Por ejemplo: Cuando les hablo a las adolescentes acerca de la modestia y el recato, puedo simplemente compartir la perspectiva de Dios en 1 Timoteo 2:9: "En cuanto a las mujeres, quiero que ellas se vistan decorosamente, con modestia y recato", y dejarlo así. El problema queda solucionado y la mayoría de las chicas saldrían del evento con un celo renovado por limpiar sus armarios al llegar a casa (¡ajá, claro!).

O puedo ir un paso más allá al dejarles saber a estas mujeres lo *que* Dios dice acerca del tema de la modestia y el recato (1 Timoteo 2:9) y alentarlas a pedirle a Dios que examine su corazón (Salmos 26:2-3) y mostrarles *por qué* ellas, como muchas otras chicas cristianas deciden vestirse con poca modestia y recato. ¿Están tan inseguras y desesperadas por la atención masculina, tan desesperadas que, de hecho, están dispuestas a conformarse con el tipo de atención equivocada? ¿O quizá solamente son seguidoras, buscando encajar llevando la última moda? De cualquier modo, vestirse sin modestia y recato es un síntoma de un problema de raíz más profundo, y si la falta de modestia y recato no se aborda en su base, es probable que continúe, sin importar que estás jóvenes de hecho tomen medidas temporales y limpien sus armarios.

La palabra hebrea para *examíname* en Salmos 26:2 es *shaphat* (shaufat), que significa: "juzgar", como en: "pronunciar sentencia a favor o en contra". Otra traducción lo dice de esta manera: "Ponme a prueba, Señor, e interrógame; examina mis intenciones y mi corazón. Pues siempre estoy consciente de tu amor inagotable, y he vivido de acuerdo con tu verdad" (NTV). La idea de pedirle a Dios que ponga nuestro corazón a prueba puede ser un poco inquietante, así que es importante que conozcamos el propósito de Dios para examinar nuestro corazón. La palabra hebrea para *purifica* (como en "purifica [...] mi corazón" es *tsaraph* (tsauraf), que significa "afinar; derretir; purgar", semejante a lo que hace el orfebre cuando purifica el oro. Por supuesto, no podemos esperar que nuestros hijos pongan su corazón a prueba a menos que nosotros mismos estemos implementando la práctica en nuestra propia vida. Cuando nuestros hijos saben que nosotros, también, somos pecadores salvados por gracia y que estamos activamente poniendo nuestro corazón desnudo delante de Dios, ellos van a entender que todos somos obras en proceso.

RECUERDE LA CRUZ

Cuando nuestros hijos pecan, no podemos forzarlos a experimentar "la tristeza que proviene de Dios" que a su vez lleva a un arrepentimiento sincero (2 Corintios 7:10). No obstante, podemos pedir que Dios obre en su corazón cuando caigan, y podemos alentarlos a examinar su corazón de manera regular y consistente. Ralph Waldo Emerson escribió en una ocasión: "Dios entra por una puerta privada a cada individuo". No le podemos poner un cerrojo a las puertas de nuestro corazón. Sin embargo, la verdad sea dicha, muchos cristianos invierten más energía en intentar tapiar los lugares secretos de su corazón y en hacer oídos sordos al veredicto del Juez con respecto a sus motivos y afectos subyacentes. Solamente aquellos que *quieren* ser afinados le pedirán a Dios que remueva las impurezas que están en lo profundo de su corazón.

Cuando nuestros hijos pecan, no podemos forzarlos a experimentar "la tristeza que proviene de Dios". No obstante, podemos pedirle a Dios que obre en su corazón cuando caen.

Necesitamos comprender que Dios juzga nuestros motivos y afectos como un acto de su amor inagotable por nosotros y que debemos tener siempre este amor (Salmos 26:3). Solamente entonces podemos caminar continuamente en la verdad de Dios. Lo mismo es verdad para nuestros hijos. Cuando se portan mal, podemos emplear tácticas para modificar la conducta según la última moda recogidas del último libro de mayor venta sobre la crianza de los hijos, o podemos ir un paso más allá y alentar que se examinen el corazón lo cual es más probable que genere la tristeza que proviene de Dios: el tipo de tristeza que proviene de Dios que lleva al arrepentimiento. Criar a los hijos de adentro hacia afuera—examinar nuestro corazón y recordar la cruz—es clave para un verdadero cambio de conducta.

Vicki Courtney es autora y oradora con un ministerio que alcanza a más de 150,000 personas al año a través de eventos, libros y recursos en línea. Siendo madre de tres, busca brindarle a las mujeres y a los padres las herramientas necesarias para navegar a través de la cultura promiscua de hoy. Es creadora de Virtuous-Reality.com, una revista en línea para adolescentes, que ha atraído a visitantes de los cincuenta estados y más de treinta países. Vicki y su esposo, Keith, viven en Austin, Texas, donde tienen la fortuna de tener a sus hijos adultos cerca de ellos.

15

Los niños quizá escuchen lo que dice, pero creen lo que hace

Jerry B. Jenkins

Alrededor de un año después de que Dianna y yo nos casamos, escuché un consejo que cambió el resto de mi vida. Siendo un joven periodista, fui asignado para entrevistar personas para un periódico de escuela dominical. En solo unas semanas, entrevisté a cinco hombres y escuché cinco historias bastante diferentes. Ellos compartían algo en común: cada uno era un esposo y padre cristiano del doble de mi edad.

En el curso de mis entrevistas, le pregunté a cada uno si tenían remordimientos en esta etapa de su vida. Cada uno de ellos me dijo que les hubiera gustado pasar más tiempo con sus hijos cuando eran niños. Algunos tenían hijos pródigos. Otros eran unos extraños ya para sus hijos. Otros sentían que su relación en el mejor de los casos estaba desgastada.

Uno dijo: "Les dije que ellos eran mi prioridad, pero mi

horario les decía lo contrario. Usted sabe, quizá escuchen lo que dice, pero creen lo que hace".

Después de la quinta vez que escuché el remordimiento del padre, finalmente lo entendí, y recuerdo haber tenido una conversación aleccionadora con mi esposa. Le dije: "Dios está claramente tratando de decirme algo. Si yo tengo esos remordimientos cuando llegue a su edad, no tendré excusa". Dianna asintió con la cabeza. "Necesitamos asegurarnos de que eso no suceda".

UNA NUEVA POLÍTICA FAMILIAR

Esa tarde establecimos una política que prometimos recordar cuando tuviéramos nuestros propios hijos: Decidimos que no escribiría, ni haría ningún trabajo en la oficina desde el momento en que llegara a casa todos los días hasta que los niños se acostaran. Así que algunas veces los dormimos a las 4:30 de la tarde (no, cómo cree).

Cuando nuestro primer hijo, Dallas, nació, pusimos nuestra política en acción. Desde el momento en que llegaba a casa, yo tomaba la crianza a mi cargo. Lo cambiaba, lo alimentaba, lo arrullaba, le cantaba, le leía la Escritura y lo acostaba a dormir. En la noche tomaba mi turno para atenderlo.

Estuve allí cuando Dallas se rodó por la primera vez, comenzó a gatear, se levantó, dijo sus primeras palabras y dio sus primeros pasos. Le encantaba acurrucarse, era muy afectuoso y le gustaba abrazar, y a mí me fascinaba tomarlo en mis brazos y tenerlo cerca.

La política de la familia Jenkins también ayudó a Dianna. Ser madre de un niño que está empezando a caminar es un trabajo agotador y demandante. Ella necesitaba tiempo para ella misma, para sus quehaceres, sus pasatiempos e intereses. Hoy ella me dice que mi inmersión en la paternidad no solo la liberó, sino que también la hizo sentirse honrada.

AUMENTAN LAS OCUPACIONES

Dallas era un muchacho de dos años y medio ocupado, parlanchín y activo cuando nació Chad. ¡Ahora empezó la verdadera diversión! Dallas se mantuvo cerca, miraba y ayudaba a su manera mientras yo le hacía a Chad lo mismo que le había hecho a él. Y parte del ritual se convirtió en acostar a los niños a dormir.

Para el nuevo bebé, eso significaba cambiarlo, alimentarlo, mecerlo, cantarle y acostarlo cuando se durmiera. Para Dallas significaba subirse a la cama con él, leerle, ayudarle a memorizar versículos bíblicos y solamente hablar.

Cinco años después llegó Mike, y para entonces los rituales se habían establecido. ¿Hubo momentos en los que me pesó esa política? No. Ni uno solo. Es verdad que tenía mucho trabajo que hacer. Yo era un ejecutivo en una gran organización cristiana, y mi día de trabajo no siempre terminaba cuando dejaba la oficina. Además, era un autor autónomo, escribiendo varios libros al año en mi propio tiempo.

¿Y cuándo era exactamente "mi propio tiempo"? Yo seguía la política religiosamente. Durante varias horas al día, yo invertía mi tiempo en mis hijos. Nada de puertas cerradas. Nada de investigación. Nada de escribir. Nada de trabajo de oficina. Nada de televisión. No tenía que decirle a mis hijos que eran mi prioridad. Ellos no conocían otra cosa.

Para las 9:00 p. m., cuando los tres muchachos estaban

finalmente en la cama, y había pasado un poco de tiempo con Dianna, escribía o me ponía al día con el trabajo de la oficina. Soy una persona que trabaja mejor por las mañanas, pero no tenía opción. No obstante, por la gracia de Dios parecía más productivo en esas horas nocturnas que antes porque me veía forzado a redimir esas pocas horas antes de mi propio tiempo de sueño.

ESTABLEZCA UN EJEMPLO

Dallas y Chad vieron a Mike pasar de recién nacido, a infante, a aprender, a caminar, a ir a la escuela. Y yo me maravillaba de lo diferentes que eran los tres. Dallas era el que hablaba; Chad, el callado; y Mike, una combinación.

Mi tiempo era suyo. Si querían hablar, hablábamos. Si no querían hablar, no hablábamos. Jugar, trabajar, estudiar, ver la televisión juntos; lo que fuera que quisieran hacer, lo hacíamos. Algunas veces simplemente querían escalarme.

A medida que los muchachos iban creciendo, mis varias horas del día con ellos se volvieron más y más valiosas. El punto culminante de cada noche era llevarlos a la cama; ir a la habitación de cada uno para cantar nuestras canciones, recitar nuestros versículos y hablar.

Estuve allí cuando cada uno recibió a Cristo como su Salvador. No necesito decir que no cambiaría esas experiencias por nada que este mundo pudiera ofrecer.

Llegué a ser conocido en el vecindario como el único padre que siempre estaba afuera jugando con sus hijos. Dianna me dijo que los niños del vecindario algunas veces llamaban a la puerta para preguntar si yo iba a salir a jugar. Yo era una novedad y me encantaba cada minuto de ello.

Cuando nos mudamos al campo, construí un diamante de béisbol en nuestra propiedad donde dejamos horas y días y años. Los tres chicos estaban involucrados en deportes locales casi todo el año, y yo no recuerdo haberme perdido un partido de fútbol, basquetbol o béisbol.

RECUERDOS PRECIOSOS

- Cuando Dallas tenía unos seis años, estaba jugando debajo de la mesa de la cocina, dándole un discurso a una figura de acción de Star Wars. Estaba completamente ignorante de que Dianna y yo estábamos en la habitación contigua y que podíamos escuchar todo lo que estaba diciendo. Él dijo: "Quizá mueras en esta misión. No te quieres ir al infierno, porque Satanás es malo y no te va a dar nada. Pero si te vas al cielo, puedes pedirle a Jesús cualquier cosa que quieras. Y si le parece bien a tu mamá, Él te lo dará".
- Cuando Chad tenía cinco años me pidió que lo pesara. Así que lo puse en la báscula y le dije lo que pesaba. Me dijo: "Vamos a ver cuánto pesas tú, papá". Yo no quería porque entonces pesaba más de cien libras (45.36 kg) de lo que peso ahora, pero me subí, y miré los números pasar veloces. Chad dijo: "¡Oye, papá, tú pesas todo!".
- Cuando Mike estaba en sexto de primaria, su equipo de basquetbol perdió un juego. Él dijo: "No es justo. El otro equipo tenía un jugador que tenía vello debajo de los brazos". Yo dije: "Eso no parece justo. ¿Cuántos años tiene ese niño?". Mike dijo: "Nos dijo que solamente tenía doce, pero que ya había pasado por la pobredad".

Mi corazón se rompe por los padres que criaron a sus hijos con prioridades similares a las de Dianna y yo, y aun así vieron a sus hijos rebelarse y alejarse de la iglesia y de la fe. No puedo decir que nuestra política sea la razón por la que nunca enfrentamos tal rebelión y la razón por la que nuestros hijos son nuestros mejores amigos hasta hoy. Pero sí sé que habiendo visto a los tres chicos crecer a una hombría honorable, a los tres graduarse de universidades cristianas, a los tres ser amorosos y servir Dios, y a dos de ellos criando a sus propios hijos, no lo cambiaría por nada.

LA CALIDAD ES CANTIDAD

Hace algunos años, un mito se propagó en la iglesia, e iba más o menos así: si no tienes mucho tiempo que pasar con tus hijos, asegúrate de que el tiempo que pases con ellos sea de calidad.

Esa era una mentira del infierno y algo que demasiados padres usaron para justificar pasar menos tiempo con sus hijos. Para los niños, el tiempo de calidad *es* igual a cantidad de tiempo.

Para los niños, el tiempo de calidad es igual a cantidad de tiempo.

Uno de los mejores momentos de mi vida vino cuando uno de mis hijos me dijo acerca del tiempo en el que algunos compañeros de su equipo de la universidad se sentaron en un círculo para compartir historias acerca de su relación con su padre. Todos los muchachos, al parecer tenían recuerdos terribles, remordimientos y asuntos sin arreglar en su relación.

"Cuando llegó mi turno—dijo mi hijo—, yo solo dije: 'creo que tuve un mejor papá de lo que había caído en cuenta. Siempre estuvo allí y siempre me amó. No tengo ninguna mala historia qué compartir'".

Ningún premio, reseña, cheque de regalías, libro de mayor venta podría siquiera acercarse a un año luz de distancia a un tesoro invaluable como ese.

Así que vaya y dígale a sus hijos que son su prioridad; pero luego, pruébeselos. Ellos van a escuchar lo que les diga, pero van a creer lo que haga.

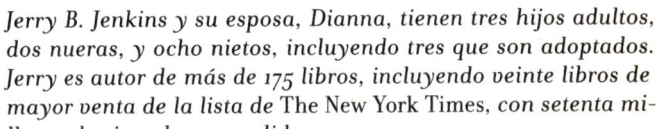

Jerry B. Jenkins y su esposa, Dianna, tienen tres hijos adultos, dos nueras, y ocho nietos, incluyendo tres que son adoptados. Jerry es autor de más de 175 libros, incluyendo veinte libros de mayor venta de la lista de The New York Times, *con setenta millones de ejemplares vendidos.*

16

El desafío de criar hijos como equipo

Juli Slattery

Quizá haya escuchado este viejo dicho acerca del matrimonio que el fallecido Larry Burkett citó: "Si lo dos son semejantes, uno de ustedes no es necesario".[1] Esta muestra de sabiduría se relaciona con todos los aspectos del matrimonio, pero ha significado lo máximo para mí en el contexto de la crianza de los hijos.

Mi esposo Mike, y yo somos definitivamente un ejemplo de que los opuestos se atraen. Tanto como yo me sentía atraída a su mentalidad relajada de surfista cuando salíamos, aprender a criar tres niños con él ha sido, a veces, un desafío. Empezamos con ideas distintas de lo que era la disciplina, qué darle de comer y cuántos episodios de Veggie Tales al día está bien que vea un niño de tres años. Ahora Mike y yo estamos navegando los años de la adolescencia con perspectivas diferentes sobre las citas, los teléfonos celulares y la hora límite para llegar a casa.

Sí, criar a los hijos en equipo es un desafío. Ha habido temporadas en las que me he sentido resentida de que Mike era el tipo de una-pizza-y-una-película mientras que yo era conocida por servir brócoli y alentar a los chicos a leer los clásicos. Un día, Mike en broma les enseñó a los muchachos a cantar: "¡Un voto por Papi es un voto por la diversión!". Aunque lo dijo con humor, yo no estaba tan feliz de ser pintada como Mami-la-aguafiestas. No me mal entienda. En algunas áreas de la crianza de los hijos, Mike es mucho más estricto que yo. ¡El *exmarine* definitivamente le surge cuando es tiempo de inspeccionar la habitación!

Sin embargo, como psicóloga, sé que un frente unido entre mamá y papá es esencial para una buena crianza de los hijos. No obstante, como mujer algunas veces se me ha dificultado estar unida con mi esposo que es el polo opuesto a mí. Pero Mike y yo tuvimos un tiempo más fácil trabajando juntos como equipo desde que comenzamos a abrazar la verdad de la declaración de Larry Burkett. Dios nos unió con todas nuestras diferencias, no para frustrarnos, sino para complementarnos en nuestros esfuerzos de crianza de los hijos. Nuestros muchachos necesitan a mamá y a papá. Más allá de eso, se pueden beneficiar ricamente de tener padres que sean tan diferentes en su personalidad.

Dios nos unió con todas nuestras diferencias, no para frustrarnos, sino para complementarnos en nuestros esfuerzos de crianza de los hijos.

Casi cada pareja enfrentará algunas diferencias en la manera en que enfrentan la crianza de los hijos, y esas diferencias pueden polarizarlos o traer equilibrio a la familia. Cuando un esposo y esposa se polarizan, cada uno se vuelve más extremo en sus estilos en un intento—consciente o de otro modo—de contrarrestarse. Por ejemplo, la mamá permisiva deja que los niños se salgan con la suya mientras compensa lo estricto que es papá. Cuando papá ve a mamá siendo permisiva, reacciona creando y haciendo cumplir todavía más reglas para los niños. Cuando los padres quedan atrapados en este ciclo de reacción y polarización, sus diferencias erosionarán el cimiento de su crianza.

Así que, ¿cómo pueden comenzar de hecho a trabajar como equipo a pesar de sus diferencias?

ABRACE LA HUMILDAD

El primer paso es difícil: abrazar la humildad. Filipenses 2:3 dice que actuemos en humildad, que "consideren a los demás como superiores a ustedes mismos". Las diferencias pueden dividirlos si se aferran a la creencia de que su manera es la mejor manera. Incluso aunque jamás lo digan en voz alta, ustedes sin duda mantienen su personalidad de crianza de los hijos porque creen que funciona mejor que la de su cónyuge. Se requiere humildad genuina para reconocer y aceptar que usted tiene algo que aprender de su esposo o esposa.

Escoger una actitud de humildad ha requerido una cantidad adicional de la gracia de Dios para mí, ya que el elegante título detrás de mi nombre proclama que soy "experta en familia". ¿Qué podría aprender de Mike, un especialista en fondos de retiro? Pues resulta que mucho.

De hecho, estoy descubriendo que Mike tiene razón sobre problemas de crianza de los hijos con tanta frecuencia como yo. Ha habido muchas veces en las que, en retrospectiva, veo como su punto de vista era más sabio que el mío. Puedo llegar a ser exageradamente empática con nuestros hijos cuando lo que de hecho necesitan es un poco de amor rudo. Estoy aprendiendo a pedirle humildad al Señor para poder ver mis limitaciones y depender de la fuerza de mi marido.

APRENDA DISCERNIMIENTO

Además de la humildad, nosotros como padres necesitamos el discernimiento de saber lo que es una montaña y lo que es una topera. No todos los aspectos sobre la crianza en los que ustedes están en desacuerdo valen la pena defenderse. En el calor del momento, cada pequeña decisión parece importante, pero el espejo retrovisor muestra que muchas prueban ser más bien insignificantes.

Era otoño y mi hijo mayor, Michael, tenía cuatro años. Era la primera vez que era lo suficientemente grande para participar del festival de otoño de nuestra iglesia. Su atuendo estaba listo, y yo le estaba dando temprano de cenar. Mike llegó a casa del trabajo y nos encontró a Michael y a mí debatiendo sobre si tenía que terminarse sus espinacas. Mike estaba cansado y unilateralmente anunció que Michael no iría al festival si no terminaba primero su cena. Cuando Michael decidió no comerse sus espinacas, yo estaba deshecha; y bastante enojada con Mike. Sabía que tenía que apoyar lo que había dicho Michael, ¡pero había estado esperando como mamá participar con mi hijo por primera vez! Recordando el asunto ahora, con diez años de perspectiva, me doy cuenta de lo insignificante que era el problema. ¡Pero ciertamente se sentía como si valiera la pena pelear por ello en el momento!

Dicho lo cual, algunas disputas definitivamente valen la pena de discutirse. Dos temas sobre la crianza de los hijos en los que Mike y yo no estamos de acuerdo a menudo son las selecciones del contenido de los medios y en cuántas actividades se deben involucrar nuestros hijos. Seguimos trabajando en encontrar terreno común para estos asuntos porque son cruciales para desarrollar el carácter de nuestros hijos y mantener una familia fuerte. Mike y yo nos recordamos el uno al otro, incluso cuando no estamos de acuerdo, que estamos en el mismo equipo y que compartimos la misma meta final de criar hombres de Dios de carácter. Estamos unidos en el deseo de ser un fuerte equipo de crianza de los hijos, y reconocemos el valor de abordar estos asuntos difíciles juntos.

No obstante, muchos conflictos de crianza de los hijos tienen su raíz en la terquedad, el ego y aferrarse a su propia orden del día en lugar de en una preocupación sincera acerca de lo que es mejor para sus hijos. Una buena manera de determinar lo que vale la pena discutir es hacerse preguntas como: "¿Por qué este asunto es tan importante para mí?", y: "¿Esta decisión realmente importará dentro de un año?".

Así como la humildad y el discernimiento pueden fomentar un frente unido, así también el compromiso compartido de seguir aprendiendo y obteniendo sabiduría juntos. El libro de Proverbios repetidamente destaca la importancia de buscar sabiduría y aceptar las palabras de consejo. De hecho, según Proverbios 12:15, un espíritu enseñable es la característica principal de una persona sabia: "Al necio le parece bien lo que emprende, pero el sabio atiende al consejo".

Aunque mi trabajo en Enfoque a la Familia es dar consejos sobre la crianza de los hijos, todavía necesito crecer con Mike. No quiero ser la experta en crianza de los hijos en nuestra familia. Quiero aprender junto con mi esposo. Además, el momento en que mi corazón se cierre al consejo sabio, seré ¡una necia bien preparada!

> Aunque mi trabajo es dar consejos sobre la crianza de los hijos, no quiero ser la experta en crianza de los hijos en nuestra familia. Quiero aprender junto con mi esposo.

ESTÉ LISTO PARA ADAPTARSE

La paternidad continuamente le arrojará nuevos desafíos. La mayoría de las parejas reaccionan a esos nuevos desafíos de la crianza de los hijos a través de conectarse con sus experiencias de la niñez: "Mi papá lo manejó de esta manera y resultó bien". En lugar de ese método, tengan iniciativa como equipo de crianza de los hijos y busquen sabiduría juntos. Si tienen un hijo o hija de doce años, es momento de ahondar en recursos que enseñen acerca de cómo criar a un adolescente. Si usted descubre que su hija tienen una discapacidad de aprendizaje, comience a investigar cómo ayudarla.

Cuando aprendan juntos, ninguno de los dos está en la posición del experto. Ustedes deben buscar una fuente externa de sabiduría, sea un libro, un conferenciante, un programa de radio o un consejero. Aprender juntos también los ayuda a encontrar principios y estrategias en las que pueden estar de acuerdo y a las cuales referirse cuando el conflicto surja.

OREN JUNTOS

El mejor recurso de sabiduría para la crianza de los hijos es nuestro Padre celestial. No solamente es el Dios de toda sabiduría que conoce cada prueba y desafío que sus hijos enfrentarán alguna vez, sino que Él ama a sus hijos más que lo que usted mismo jamás podría. No es de extrañar que nada los unirá más para criar a los hijos que buscar juntos al Señor. Cuando se ponen de rodillas como pareja, el Señor les otorgará la *humildad* para someterse entre sí, el *discernimiento* para conocer los asuntos que son importante, y la *sabiduría* para guiarlos a lo largo de cada desafío de crianza de los hijos.

Uno de los regalos más preciosos que le puede dar a sus hijos es la bendición de ser criado por dos personas que se aman entre sí. ¿Sabe usted lo raro que es eso en el clima familiar de hoy? Dios anhela que usted y su cónyuge se unan en Él a medida que van criando a sus hijos.

Después de catorce años de maternidad, no puedo imaginarme este viaje sin Mike. Sí, la gracia de Dios y su fuerza sostendrán al padre soltero. No obstante, la provisión de Dios para mis hijos y yo en este momento es mi marido. ¿Nuestras diferencias algunas veces todavía me enloquecen? ¡Sí, por supuesto! Pero cuando me tomo el tiempo para evaluar la belleza de una mamá y un papá tan distintos, pero que verdaderamente se vuelven un equipo, mi corazón está agradecido con nuestro Señor que mantiene todas las cosas unidas.

La Dra. Juli Slattery, une el corazón de una mamá y las perspectivas de una psicóloga para darle a las familias las herramientas que necesitan para desarrollar matrimonios fuertes y ayudar a sus hijos a mantenerse en el camino correcto. Puede escuchar a menudo a Juli en el Programa Diario de Enfoque a la Familia y la revista Weekend Magazine. También es oradora y la autora de No More Headaches: Enjoying Sex and Intimacy in Marriage, *[No más dolores de cabeza: Disfrutando la intimidad en el matrimonio]*. Finding the Hero in Your Husband: Surrendering the Way God Intended *[Encuentre al héroe en su marido: Ríndase en la manera que Dios diseñó]*, Guilt-Free Motherhood: Parenting with Godly Wisdom *[Maternidad libre de culpa: Críe hijos con la sabiduría de Dios]* y Beyond the Masquerade: Unveiling the Authentic You *[Más allá del baile de máscaras: Devele la verdadera usted]*. Juli, su esposo, Mike, y sus tres hijos viven en Colorado Springs donde disfrutan salir de excursión, acampar, esquiar y practicar snowboard como familia.

17

La verdad con respecto a los hijos; y la verdad con respecto al matrimonio

John Rosemond

El mejor consejo que he recibido acerca de la crianza de los hijos—y el matrimonio y la familia—fue cuando nuestra segunda hija, Amy, venía en camino. Mi esposa, Willie, dijo: "No vamos a hacer de esta niña el centro de nuestra vida. La niña se va a adaptar a *nosotros*, y no al revés". ¡Qué noción tan radical en 1972!

Tenía un año de haber salido del posgrado donde me habían lavado el cerebro para creer que para que un niño fuera emocionalmente sano, la familia tenía que estar centrada en él. Todos los peso completo del campo de la psicología lo estaban diciendo; así que, pensé que tenía que ser verdad. Después de todo, ellos sabían todo lo que se tenía que saber acerca de los seres humanos y cómo vivir una buena vida, ¿no?

Esos expertos también dijeron que la familia debería operar como una democracia, incluso dándole a las opiniones de los niños pequeños un peso igual en las decisiones familiares como la manera de gastar el dinero y a dónde ir de vacaciones. Willie y yo habíamos hecho exactamente eso con nuestro primer hijo, Eric. En 1972, él tenía tres años y ya había tenido el supuesto beneficio de sentarse en el centro del escenario durante tres años en nuestra sumamente democrática familia.

¿Les mencioné que mi hijo era absolutamente el niño de tres años peor portado que yo hubiera visto, incluso en mi consultorio?

EL PROBLEMA CON LA PSICOLOGÍA

Y el comportamiento de Eric no era su culpa; era la nuestra. Porque le poníamos demasiada atención a él, y él virtualmente no nos ponía atención a nosotros. Como nosotros lo obedecíamos, él no veía razón alguna para obedecernos. Como constantemente hacíamos cosas por él, él no hacía nada de lo que le pedíamos; y sí que se lo *pedíamos*, pero tan obsequiosamente. Como invertíamos toda nuestra energía de crianza en agradar a Eric, él no sentía ninguna obligación en tratar de agradarnos. Y cuando nosotros...bueno...lo desobedecíamos o fracasábamos en agradarlo apropiadamente, o lo suficientemente rápido, hacía berrinches tan salvajes que duraban y duraban y duraban hasta que lo obedecíamos o descubríamos cómo agradarlo apropiadamente.

Todo esto estaba sucediendo porque yo había creído que los psicólogos sabían de lo que estaban hablando; las letras mayúsculas después de su nombre significaba que él o ella era listo, sabio y conocedor. Ahora, unos cuarenta años después, creo que la psicología—la profesión que ostento—le ha causado más problemas a los padres estadounidenses que los que será capaz de resolver, aunque supiera cómo, que no es el caso. ¿Por qué? Porque incluso la educación más prestigiosa y cara en psicología no le clarifica a uno la comprensión de la verdad con respecto a los niños; los estudios en psicología confunden, nublan, complican, oscurecen y simplemente enredan esa verdad sumamente simple y virtualmente autoevidente sobre lo que los niños necesitan.

LA VERDAD CON RESPECTO A LOS HIJOS

Si quiere la verdad con respecto a los hijos, vaya a la Biblia. Dios dice la verdad, toda la verdad y nada más que la verdad. Los psicólogos son humanos, y los humanos, bueno, tendemos a decir lo que más nos conviene. A los psicólogos les convenía decir lo que dijeron (y que todavía dicen) acerca de los niños. Eso ha transformado la manera de criar hijos—algo que nuestros abuelos, antes de 1960, hicieron sin tanto drama—en la única responsabilidad más estresante de la vida de un adulto. Y entre más intrincada se volvió la crianza de los hijos más padres buscaron el consejo de los psicólogos (y los ayudaron a costear sus membresías a sus clubes exclusivos). Así que, ¿por qué le dirían ellos la verdad con respecto a los hijos, aunque la supieran?

LA VERDAD CON RESPECTO AL MATRIMONIO

Del mismo modo, si quiere saber la verdad con respecto al matrimonio acuda a la Biblia (o pregúntele a mi esposa). En Génesis 2:24, el Señor pone al varón y a la mujer juntos en una relación vinculante—crea el matrimonio—diciendo: "Y los dos se funden en un solo ser". No en un solo ser hasta que los niños los separen, sino un solo ser—en la misma página, de pensar semejante, en acuerdo, unidos y firmes—por siempre y para siempre. ¡Amén!

No se supone que los niños se sienten, estén de pie o duerman entre sus padres. Por ejemplo, en el coche los niños deben ir en el asiento trasero, y mamá no debe sentarse atrás con ellos para acompañarlos. Se debe sentar adelante con su esposo. La familia que funciona apropiadamente no es una democracia. Es una dictadura benevolente. Los padres dicen y los niños deben hacer lo que se les dice. Es sumamente sencillo. No se requiere ayuda de la psicología. Solamente del viejo y pasado de moda sentido común.

En una familia verdaderamente saludable, el adulto femenino pasa por lo menos 80% de su tiempo ocupando el papel de la esposa, y el adulto masculino pasa por lo menos 80% de su tiempo ocupando el papel de marido. Los papeles de padre y madre son secundarios; por lo tanto son temporales. Cuando los papeles de crianza se vuelven primarios, el esposo y la esposa comienzan a desvanecerse, como el Gato Cheshire (Gato Risón) de *Alicia en el país de las maravillas*. Bajo esas circunstancias, las instrucciones de Dios, escritas tan clara y sucintamente en Génesis 2:24 son violadas. Este es un hecho: Usted no puede violar tanto como *una* de las instrucciones de Dios sin atraer un desastre de problemas sobre su cabeza.

PRIORIDADES FUERA DE LUGAR

Una razón—quizá sea la razón más importante—por la que los padres de hoy están experimentando tanto drama, estrés, ansiedad, preocupación, enojo, resentimiento y culpa en el curso de la crianza de los hijos es que no ocupan las funciones de esposo y esposa 80% del tiempo. De hecho, si mis encuestas de padres son precisas (y la consistencia de los resultados sugieren que lo son), sucede al revés. Abrumadoramente, los padres de hoy ocupan su función como padre o madre 80 a 90% del tiempo.

¿Qué significa eso? Significa que le están poniendo demasiada atención, y que hacen demasiado, por sus hijos. Significa que los maridos y las esposas *hablan* más con sus hijos que entre sí, *hacen* más por los niños que uno por el otro, *actúan* más interesados en los niños que en el otro, *pasan más tiempo* con los niños que con el otro, y así. Significa que los maridos y las esposas han extraviado sus prioridades.

El resultado son niños que no ponen suficiente atención a sus padres, no los obedecen rápidamente con corazones dispuestos, y no sienten ninguna obligación significativa hacia ellos. Después de todo, las únicas personas de la familia que están actuando como si tuvieran alguna obligación con alguien más son... los padres. Y los niños no tienen problema con ello. Irónicamente, los niños no están *felices* con ello. Las investigaciones son inequívocas: los niños más felices también son los más obedientes. Así que en la familia centrada en los niños, los hijos realmente no son felices; no tan felices como podrían ser por lo menos, ya que para ellos obedecer a los padres no es una prioridad. Los niños de una familia centrada en los hijos no tienen problemas con el arreglo porque así tienen poder y el poder es embriagador. ¿Ha notado que las personas embriagadas piensan que están felices cuando es perfectamente obvio para los demás que realmente no es así?

En la familia centrada en los niños, los hijos realmente no son felices, ya que para ellos obedecer a los padres no es una prioridad. Los niños de una familia centrada en los hijos no tienen problemas con el arreglo porque así tienen poder y el poder es embriagador.

EL VERDADERO FUNDAMENTO DE LA FAMILIA

Piénselo. Dios le dijo a sus primeros hijos que fueran un solo ser en el segundo capítulo de su Libro. ¡El segundo capítulo! Por lo tanto, esa instrucción debe ser fundamental. Si usted está construyendo una casa y el fundamento no es sólido y firme, entonces la casa desarrollará grietas y fugas, las ventanas se romperán y entrarán insectos y empezarán a comerse partes de la casa. Con el tiempo, la casa no será habitable.

Lo mismo sucede con una familia, cuyo fundamento es el matrimonio. Algunas personas siguen casadas porque están habituadas a ello. Esa no es una buena razón. Dios quiere que nuestro matrimonio sea un lugar vibrante donde la gente *quiera* quedarse toda su vida. Ese resultado está casi garantizado si el esposo y la esposa le dan 80% de su tiempo y energía a su matrimonio. Y ese tipo de matrimonio podrá, al mismo tiempo, servir de fuerte cimiento sobre el cual los hijos pueden construir un carácter fuerte. Pueden entonces a su vez salir a un mundo que tiene una necesidad cada vez mayor de personas con un carácter fuerte.

Además, no hay nada—entiéndase ¡NADA!—que le brinde a los hijos un mayor sentido de seguridad que saber que la relación de sus padres es sólida y que va a durar sin importar qué. La seguridad que se les brinda por la fuerza de la relación de sus padres los liberara para convertirse en su propia gente. Se entretendrán ellos mismos. Resolverán la mayor parte de sus propios problemas. ¡Qué bendición para todos los involucrados!

COMPROMISO PERMANENTE CON EL MATRIMONIO

Así que, Willie estableció la ley antes de que Amy naciera, y el que lo hiciera marcó toda la diferencia. Estamos casados hoy—cuarenta y un años después y cuarenta y cuatro años en total—gracias a esa sabia declaración. Es verdad que han existido las subidas y bajadas usuales. Ser compañeros de matrimonio primero y padres después no hace que la familia o el matrimonio esté libre de problemas. No existe tal cosa como algo libre de problemas en este mundo quebrado. Pero cuando surgen los problemas, con toda seguridad es consolador saber que su matrimonio va a perdurar, sin importar qué.

El compromiso permanente de un esposo y una esposa entre sí también les da a los hijos permiso de emanciparse y permanecer emancipados. Bajo esas circunstancias, el niño sabe que su ausencia no genera un vacío, que mamá y papá no dependen de su presencia para sentir como si su vida tuviera significado y que ellos estarán allí para él siempre que surja la necesidad. Uno de los grandes dones que le puedan dar como padres a sus hijos es hacer que sea completamente innecesario para ellos, como adultos, tener que escoger a cual de ustedes visitar en Navidad.

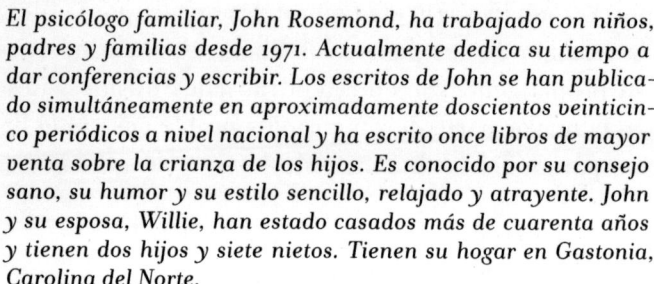

El psicólogo familiar, John Rosemond, ha trabajado con niños, padres y familias desde 1971. Actualmente dedica su tiempo a dar conferencias y escribir. Los escritos de John se han publicado simultáneamente en aproximadamente doscientos veinticinco periódicos a nivel nacional y ha escrito once libros de mayor venta sobre la crianza de los hijos. Es conocido por su consejo sano, su humor y su estilo sencillo, relajado y atrayente. John y su esposa, Willie, han estado casados más de cuarenta años y tienen dos hijos y siete nietos. Tienen su hogar en Gastonia, Carolina del Norte.

18

La más excelente de ellas es el amor

Stormie Omartian

Cuando nuestros dos hijos eran más chicos, mi hija era la niña angelical de quien uno jamás hubiera esperado que hiciera nada mal, y mi hijo era el niño desafiante cuya asombrosa creatividad lo capacitaba para descubrir nuevas maneras de hacer cosas que nunca hubiera soñado en advertirle a un niño que no hiciera. No era cuestión de *si haría algo mal*, sino de *qué sería esta vez*. No nos lo podíamos imaginar.

Nuestros dos hijos ya son adultos ahora y, para el momento en que usted lea esto, estarán casados con la maravillosa persona con la que cada uno está comprometido. Han planeado que sus respectivas bodas sucedan a unos meses de distancia entre ellas; la primera de ellas sucederá en solo un par de semanas después de la fecha en que escribo esto. Descartando cualquier cosa terrible, mis hijos pronto estarán casados, y todos los involucrados estarán regocijándose y suspirando con alivio. Pero estoy divagando...

La historia que quiero compartir es acerca de la niña angelical quien, cuando era adolescente hizo algo que ella sabía que no debería haber hecho. Así que para no avergonzar a mi hija, no les voy a decir lo que hizo, pero déjenme ponerlo de este modo: ningún padre sobre la tierra estaría complacido por ello. Y todo padre con toda seguridad le ha dicho a su hijo en cierto punto: "No hagas eso".

DESCUBRÍ SEMILLAS DE REBELIÓN

Yo había estado sintiendo algo en la actitud de mi hija que no me gustaba, y le había llamado la atención por ello en varias ocasiones. A los padres Dios les ha dado la habilidad de olfatear incluso la semilla más pequeña de rebelión sin importar lo subdesarrollada que se encuentre en el momento. Pero oré para descubrir evidencia y no solamente depender de mis sospechas.

A los padres Dios les ha dado la habilidad de olfatear incluso la semilla más pequeña de rebelión sin importar lo subdesarrollada que se encuentre en el momento.

Una mañana entre semana, mi esposo, Michael, y yo estábamos solos en casa cuando la madre de una compañera de mi hija en la escuela me llamó. Me dijo algo que había escuchado de su propia hija con respecto a mi pequeño ángel. Esta mujer era temerosa de Dios y una persona digna de crédito a la que yo había conocido ya un tiempo y estábamos seguros de que en su corazón estaba la conveniencia de mi hija. No tenía razón para dudar de ella.

Nos dijo que nuestra hija había hecho algo bastante decepcionante, y estábamos enojados por ello. Probablemente *furiosos* es una palabra más precisa. Michael y yo íbamos a preparar palabras fuertes y un plan de castigo para cuando volviéramos a ver a nuestra hija. Después de todo, ella sabía que no lo debía haber hecho. Ella había sido criada para jamás violar estándares bíblicos de conducta. Y aún así lo había hecho deliberadamente. *¿En qué había estado pensando?*

Mientras Michael y yo estábamos discutiendo lo que le diríamos para expresarle nuestro enojo y cuáles serían las consecuencias por sus acciones, hubo una inesperada llamada a la puerta principal. Nuestro pastor había pasado a hablar con nosotros. Hasta hoy yo no sé la verdadera razón por la que vino; jamás le preguntamos. Pero creo que Dios lo envió para esa ocasión y momento específico.

Desde el momento en que entró a nuestra casa, supo que algo estaba mal, así que le dijimos lo que acabamos de enterarnos acerca de nuestra hija. Le expresamos lo molestos que estábamos y lo que planeábamos hacer acerca de ello. Le pedimos que orara con nosotros para que nuestras palabras pudieran tener un gran impacto en ella.

REDIRIJA SU ENOJO

El pastor nos escuchó unos minutos, y luego con calma nos instruyó. Su dirección vino en una manera tan clara que supimos que sus palabras provenían del Señor, ya que nosotros nunca hubiéramos pensado en ello por nosotros mismos; especialmente en ese momento.

Sus palabras fueron algo parecido a esto: "Sé que están enojados con su adolescente, y es comprensible. Pero deben redirigir su ira hacia el enemigo que la ha atraído con engaños y que quiere destruir su vida. Más que descargar su enojo en ella, deben mostrarle a su hija un gran amor. Lo que sea que le digan lo deben decir en amor. No del tipo de amor sin carácter que dice: 'Está bien. Todo el mundo lo hace. No hay problema. Te amamos de todos modos'. Sino del tipo de amor fuerte que comunica: 'Sabemos que has hecho mal, y te amamos demasiado como para dejar que te salgas con la tuya y sigas por ese camino'".

Michael y yo pensamos sin emociones lo que nuestro pastor dijo, mentalmente trayendo a un alto y revirtiendo nuestro curso de acción planeado. El pastor continuó:

> Su ira en contra de ella no va a mejorar las cosas. Ella se va a sentir lo suficientemente mal de que Dios se los haya revelado y que ya sepan todo acerca de ello. Si sueltan su furia, ella quizá salga y haga algo como esto nuevamente; o incluso algo peor. He visto que este tipo de cosa sucede en las familias demasiado a menudo. El enojo lleva a una rebelión mayor y puede terminar rompiendo los lazos familiares. El amor de Dios por ella—demostrado a través de ustedes dos—la traerá de vuelta al camino que Dios tiene para ella y lejos de la tentación del enemigo. Este podría ser un punto de quiebre en su vida que la traiga más cerca del Señor. Ella debe confesar y arrepentirse de

todo corazón lo que ha hecho delante de Él para que pueda ser completamente restaurada. Su ira expresada en contra de ella puede evitar que eso suceda.

El enojo lleva a una rebelión mayor y puede terminar rompiendo los lazos familiares.

Mi esposo y yo de inmediato captamos la visión. Sabíamos que acabábamos de escuchar un mensaje directo del corazón de Dios. Los tres oramos por la situación, y las palabras que nuestro pastor oró por nosotros cimentaron la misericordia y el amor de Dios todavía más firmemente en nuestros corazones. Sabíamos que Dios nos daría las palabras correctas qué decir y su Espíritu que convence de pecado las atendería. Oramos que el corazón de nuestra hija pudiera estar abierto a recibir lo que le dijéramos, a lo que Dios diría a través de nosotros. Mientras estábamos orando, el amor de Dios creciendo dentro de nosotros de hecho disipó nuestro enojo. Bueno...por lo menos casi todo. Lo que seguía por allí nos lo guardamos para nosotros mismos.

EL AMOR ES MÁS PODEROSO QUE LA IRA

Cuando Michael y yo vimos nuevamente a nuestra hija poco tiempo después, la confrontamos en amor. No sabíamos que esperar cuando la enfrentáramos, pero para nuestro alivio fue todo lo que esperábamos que fuera, Le dijimos: "Dios nos ha revelado que has desobedecido las reglas, y te amamos demasiado para dejar que te salgas con la tuya y continúes por el camino equivocado que va a cortar las bendiciones que Dios tiene para tu vida". Ella prontamente admitió todo y recibió nuestras palabras con profunda humildad. Ella se sentía avergonzada por haber sido descubierta, por supuesto, pero ella también estaba verdaderamente arrepentida. Nos sentimos aliviados y agradecidos.

El mito de que ella era un ángel se había desmentido, pero algo más sustancial lo había reemplazado. Vimos a nuestra hija como una niña firmemente establecida en el Reino de Dios y parada en el cimiento seguro del amor de Dios. Los cambios inmediatos en ella la llevaron a una relación más profunda con el Señor. Ella también completó un buen tiempo de consejería con el pastor, y eso la ayudó bastante a reforzar y solidificar su caminar con Dios.

Esto fue hace años, pero veo el fruto de esa experiencia probando cada día que Dios usó todo el incidente para bien, ya que nos capacitó—a través de nuestro pastor— a responder de la manera correcta. Mi hija no solamente nunca volvió a hacer nada parecido otra vez, sino que fue verdaderamente cambiada gracias a ello. Y ese día aprendimos que cuando se trata de criar niños, el amor es mucho más poderoso que la ira. Nuestros hijos no necesitan un amor aguado que diga: "Está bien que peques porque te amamos", sino un amor fuerte y poderoso inspirado en Dios que diga: "Te amamos demasiado para tolerar el pecado en tu vida". Vi la milagrosa transformación de mi hija con mis propios ojos, y creo que fue la mayor lección que he aprendido como madre. Afectó todo lo que he hecho a partir de entonces, y sé que fue un punto de quiebre en cada una de nuestras vidas.

Stormie Omartian es la autora de mayor venta de la serie *El poder de un(a) [...] que ora*. Además, ella y su esposo, Michael, han escrito cientos de canciones. Los Omartian han estado casados por más de treinta y cinco años y tienen tres hijos adultos. Puede visitar su sitio web en www.stormieomartian.com.

19

¡Tome su papel como padre!

Mark y Jill Savage

El mejor consejo de crianza de los hijos que recibimos provino de una pareja que fueron nuestros mentores al criar a nuestros hijos.

Aunque nuestros hijos estaban apenas en preescolar en ese tiempo, valorábamos las capacidades para criar hijos de Loren y Deanna a medida que los veíamos criar a sus adolescentes.

Estábamos teniendo problemas para acostar a dormir a nuestros hijos de edades de cinco y dos. No acabábamos de apagar la luz cuando el juego comenzaba: *Tengo sed... Mami, tengo miedo... Papi, no puedo dormir.* Nos turnábamos para atender sus solicitudes, a menudo llevándolos de vuelta a la cama; una rutina que tomaba entre treinta y cuarenta minutos cada noche.

Frustrados, le pedimos a Loren y a Deanna que vinieran una noche a presenciar el desafío y que nos ayudaran a descubrir como manejar mejor la situación. Disfrutamos juntos el postre y entonces comenzó nuestra rutina de todas las noches para irse a dormir: lavarse los dientes, un cuento, orar, apagar las luces. Justo a tiempo, nuestros pequeños muñecos de la caja de sorpresa comenzaron a saltar de su habitación con sus peticiones.

Loren y Deanna observaron cómo se desenvolvió la batalla de la hora de dormir. Pacientemente esperaron a que manejáramos cada petición, ser firmes, frustrarnos y enojarnos, y quedar totalmente exhaustos por toda la situación. Cuando las cosas al parecer finalmente quedaron en silencio en la habitación, les pedimos su sabiduría. Fueron amables y compasivos; y completamente honestos. "Mark y Jill, queremos alentarlos. Son padres sumamente atentos y cariñosos. No obstante, el asunto aquí realmente se trata de quién está a cargo. Cuando se trata de la hora de dormir, sus hijos son los que están a cargo. Ellos los están dirigiendo a ustedes. Ustedes necesitan dirigirlos a ellos. Es tiempo de que ustedes tomen su papel como padres".

Ese día aprendimos que éramos excelentes para hacer amenazas, pero dábamos lástima en su seguimiento. Nos dimos cuenta de que estábamos permitiendo que nuestra ira eventual sirviera como consecuencia final de la mala conducta de nuestros hijos. Sin saberlo, les estábamos enviando el mensaje de que podían oprimir nuestros botones una y otra vez hasta hacernos enojar. *Entonces* sabían que la cosa se había puesto seria y que tenían que obedecer.

A la luz de este patrón, Loren y Deanna con sabiduría nos alentaron a determinar las consecuencias apropiadas para el mal comportamiento de nuestros hijos a la hora de acostarse. Una vez que determináramos esas consecuencias, necesitábamos comunicárselas a los niños fuera del tiempo de las batallas a la hora de dormir (escogimos la cena del día siguiente), y luego necesitábamos llevar a cabo las consecuencias.

Esta experiencia nos enseñó un segundo principio de la crianza de los hijos: el poder de una segunda oportunidad en la crianza de los hijos.

EL PODER DE UNA SEGUNDA OPORTUNIDAD EN LA CRIANZA DE LOS HIJOS

Ahora que teníamos una visión diferente de nuestra familia así como de la manera en que íbamos a manejar la batalla de la hora de dormir, ¿podíamos hacer ese cambio a la mitad del camino?

Descubrimos lo que cada padre necesita entender: van a haber ocasiones en las que cada uno de nosotros nos demos cuenta de que no hemos estado criando a nuestros hijos bien o de manera consistente. Cuando esto sucede, es momento de llamar a una reunión familiar y hablar con los niños acerca de lo que estamos aprendiendo. Necesitamos disculparnos por nuestras inconsistencias, y necesitamos establecer claramente los nuevos estándares.

Si usted se encuentra en la necesidad de una segunda oportunidad en la crianza de los hijos, estos son algunos pasos que nos ayudaron:

Anúncieles a su hijo(s) el cambio que viene

Una mamá que conocemos le había permitido a su hija dormirse con ella en la cama de papá y mamá. Cuando mamá se dio cuenta de que esto no era saludable para su hija o su matrimonio, se sentó con su hija y le explicó: "A partir de mañana en la noche, te vas a dormir en tu propia cama". Esto le dio a su hija un aviso y tiempo de ajustarse a esa nueva manera de hacer las cosas.

Discúlpese con sus hijos, de ser necesario.
Una disculpa no es señal de debilidad. En el plano de la crianza de los hijos, de hecho es una señal de fuerza. Sus hijos comprenderán que usted comete errores y que sabe qué hacer para arreglar las cosas después de sus errores.

Una disculpa no es señal de debilidad. En el plano de la crianza de los hijos, de hecho es una señal de fuerza.

Instruya hacia la nueva expectativa
Si sus hijos tienen la edad suficiente, lleve a cabo algunos juegos de rol para entrenarlos con el fin de comportarse conforme al nuevo estándar. Hicimos esto cuando nos dimos cuenta de que estábamos permitiendo que nuestros hijos—en edad de escuela primaria—se condujeran mal cuando eran presentados a los adultos. Queríamos que nuestros hijos vieran a la persona a los ojos, estrecharan su mano y dijeran: "Gusto en conocerla". Hicimos juegos de rol durante varios días después de cenar para que pudieran practicar esta nueva manera de manejar las presentaciones.

Extienda un periodo de gracia
Cuando estuvimos tratando con las presentaciones, entrenamos durante varios días y luego comenzamos nuestro periodo de gracia. Les ofrecimos una semana con la nueva expectativa establecida, y si nuestros hijos respondían de

manera poco apropiada les recordábamos el estándar. No obstante, ellos sabían que después de la semana de gracia, recibirían una consecuencia por una respuesta inapropiada. No obstante, cuando tomamos nuestra segunda oportunidad en los desafíos de la hora de acostarse a dormir, dimos un periodo de gracia de solamente una noche.

Esté dispuesto tomar su papel como padre
El estándar es establecido, el entrenamiento ha sido llevado a cabo y el tiempo de práctica terminó. Ahora es momento de permanecer firmes. La mayoría de los padres encuentran que si son consistentes con la comunicación, las expectativas y la rendición de cuentas, son capaces de avanzar en la dirección en que desean moverse.

La crianza de los hijos se trata de liderazgo
Esa sola noche con la pareja que eran nuestros mentores estableció el fundamento para ser firmes y consistentes, nos preparó para una segunda oportunidad en la crianza de nuestros hijos y nos ayudó a entender que la crianza de los hijos se trata de liderazgo. Nos dimos cuenta esa noche de que habíamos estado siendo *reactivos* y empujando a nuestros hijos más que *tener iniciativa* y guiar a nuestros hijos hacia donde queríamos que fueran. A medida que comenzamos a cambiar ese patrón y empezamos a liderar de manera intencional, descubrimos que teníamos menos conflictos familiares. ¡Definitivamente eso fue motivación suficiente para mantenernos andando en nuestra nueva dirección!

Comenzamos a aplicar este concepto de liderazgo a otras partes de nuestro día:

- Por ejemplo, si les decíamos a los niños exactamente lo que esperábamos de ellos antes de entrar al supermercado, tendríamos menos conflictos. ¿Esperábamos que usaran el carro para jugar? ¿Era esta una visita a la tienda en la que podían pedir dulces en la fila de la caja o no? Establecer los lineamientos con anticipación—tener iniciativa—nos ayudaba a evitar las luchas de poder en la tienda.
- Al visitar la casa de alguien, establecíamos expectativas de las maneras y cortesías esperadas de ellos antes de hacer sonar el timbre. Liderar de manera intencional como esta hacía que la visita fuera mucho más disfrutable.
- Antes de que nuestros adolescentes tomaran su primer trabajo, los entrenamos en estrategias de administración del dinero. Al enseñarles el principio 10-10-80 (10% para Dios, 10% para ahorro, 80% para gastar) antes de que obtuvieran su primer sueldo estableció el estándar de cómo necesitaban manejar sus pagos semanales o quincenales. Al liderarlos con bastante anticipación, reducíamos el conflicto al mínimo porque las expectativas eran establecidas claramente.
- Al esperar que nuestros hijos manejaran las responsabilidades del hogar como limpiar el baño, pasar la aspiradora, sacudir los muebles o lavar, secar y doblar una carga de colada, encontramos que estaban mejor equipados para la tarea si nos tomábamos el tiempo de enseñarlos e instruirlos con anticipación sobre la manera de cómo llevar a cabo la tarea de manera apropiada. Cuando lo hacíamos, el conflicto se reducía porque había menos necesidad de corrección.

A medida que aprendimos a criar a nuestros hijos apropiada y consistentemente, también descubrimos que con mayor frecuencia nuestros hijos elevaban el estándar que les establecíamos. En otras palabras, cuando aprendimos a ser los padres, nos convertimos en los líderes que nuestros hijos necesitaban desesperadamente.

UNA NUEVA DIRECCIÓN

Mark y yo seguimos el consejo de nuestros amigos de tomar el lugar que nos correspondía como padres. Hablamos con nuestros hijos, nos disculpamos por no ser consistentes y establecimos los nuevos estándares para nuestra rutina de ir a la cama. Determinamos las consecuencias apropiadas (¡nuestro enojo definitivamente no contaba!) para la primera, segunda y tercera veces que los niños nos llamaran o se salieran de la cama después de que los acostáramos a dormir. Claramente les comunicamos esas consecuencias a nuestros hijos a la noche siguiente y, como mencioné, les ofrecimos una noche de gracia con un recordatorio de las consecuencias que experimentarían a la noche siguiente si no vivían conforme a los nuevos estándares.

Solamente tomó dos noches para cambiar el patrón. Estábamos sorprendidos de lo rápido que cambió el comportamiento de nuestros hijos. Ahora Mark y yo teníamos tiempo para nosotros después de que los niños estaban en la cama, y ya no terminábamos frustrados y agotados cada noche.

Gracias a Loren y Deanna, Mark y yo pudimos comprender que *nuestros hijos necesitan que tomáramos nuestro papel como padres*. De hecho ellos quieren que nos levantemos y los guiemos. Y si no lo hacemos, ellos lo harán. No obstante, por experiencia, hemos descubierto que es mucho mejor si alguien con un poco más de sabiduría y experiencia que ellos toma el liderazgo. Una cosa más. Aunque usted no lo crea, ahora que nuestros hijos son adultos, de hecho nos han agradecido por el liderazgo que ejercimos para ellos. Si usted toma el liderazgo, es probable que algún día sus hijos también le agradezcan por hacerlo.

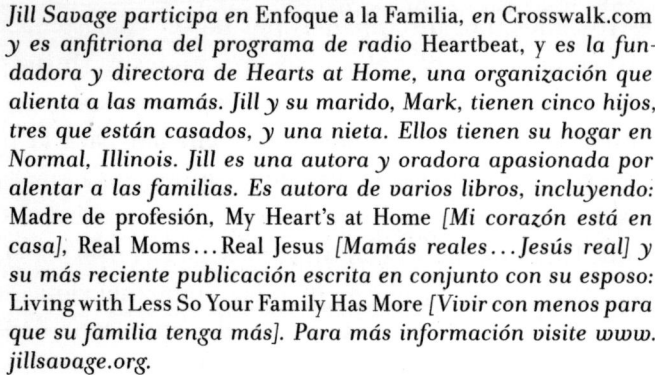

Jill Savage participa en Enfoque a la Familia, *en* Crosswalk.com *y es anfitriona del programa de radio* Heartbeat, *y es la fundadora y directora de* Hearts at Home, *una organización que alienta a las mamás. Jill y su marido, Mark, tienen cinco hijos, tres que están casados, y una nieta. Ellos tienen su hogar en Normal, Illinois. Jill es una autora y oradora apasionada por alentar a las familias. Es autora de varios libros, incluyendo:* Madre de profesión, My Heart's at Home *[Mi corazón está en casa],* Real Moms...Real Jesus *[Mamás reales...Jesús real] y su más reciente publicación escrita en conjunto con su esposo:* Living with Less So Your Family Has More *[Vivir con menos para que su familia tenga más]. Para más información visite www. jillsavage.org.*

NOTAS

Capítulo 1
Cómo criar hijos con gracia

1. Tim Kimmel, Grace-Based Parenting (Nashville, TN: Thomas Nelson, 2004)

Capítulo 2
La influencia número uno de su hijo

1. Dr. Kevin Leman, *Tengan un nuevo hijo para el viernes* (Miami, FL: Spanish House, 2010).

Capítulo 5
¡Conozca a sus hijos!

1. Edward M. Hallowell, *The Childhood Roots of Adult Happiness: Five Steps to Help Kids Create and Sustain Lifelong Joy* [Las raíces infantiles de la felicidad adulta: Cinco pasos para ayudar a los niños a crear y mantener el gozo por toda la vida] (New York: Ballentine Books, 2003), 174.

Capítulo 8
Las alegrías de cavar zanjas

1. Jean Fleming, *A Mother's Heart: A look at values, vision, and character for the Christian mother* [El corazón de una madre: Una mirada a los valores, la visión y el carácter de una madre cristiana] (Colorado Springs, CO: NavPress, 1982), 73.

2. Ibíd., 74.

Capítulo 13
¡Hablemos de fe!

1. Reimpreso con permiso de "Effective Christian Education: A National Study of Protestant Congregations" [Educación cristiana eficaz: Un estudio nacional de congregaciones protestantes]. Copyright © 1990 por el Search Institute SM. No se permite ningún otro uso sin permiso previo por parte de Search Institute, 615 FirstAvenue NE, Minneapolis, MN 55413; www.search-institute.org.

2. George Barna, *Como transformar a los niños en campeones espirituales* (Lake Mary, FL: Casa Creación, 2006), 78.

Capítulo 16
El desafío de criar hijos como equipo

1. Larry Burkett, *How to Manage Your Money* [Cómo manejar su dinero] (Chicago, IL: Moody, 2000), 117.